復刻にあたって

木下 勇

アービッド・ベンソン氏とは1979年頃，まさに本書を読み，プレイパークを見たいと手紙を書いたのが最初の縁である。その後1987年，大村虔一・璋子夫妻とともにIPA世界大会がストックホルムで開かれた時に初めて本人と出会った。温厚な学者肌の専門家だが，話しぶりには子供の遊びの行動をよく観察している情熱が表れていた。

IPAとは冒険遊び場をきっかけに1961年に発足した「国際遊び場協会」からはじまる。デンマークのエンドラップで1943年に冒険遊び場をつくったランドスケープ・アーキテクトのC.Th. ソーレンセン教授が初代会長，ベンソン氏は4代目の会長である。IPAは後に「子どもの遊ぶ権利を保障する国際会議」，そして現在は「子どもの遊ぶ権利のための国際協会 International Play Association Promoting Child's Right to Play」と名称を変えている。

大村夫妻に私が出会ったのが1978年のことであり，既に1975年，76年の夏に経堂，そして1977年夏から1978年夏まで桜ヶ丘での冒険遊び場活動が行なわれた後であった。大村夫妻に誘われるままに，1979年の国際児童年記念事業としての羽根木プレイパーク開設とIPA日本支部創設に引き込まれることとなった。その時である，『都市の遊び場』（アレン卿夫人）とともに大村夫妻翻訳の本書を隅から隅まで読み，冒険遊び場に夢を膨らませたのは。

それはたしかにまったく「新しい遊び場」であった。ブランコ，すべり台，砂場といった三種の神器といわれる遊具が置かれた公園に比べて，秘密基地をつくるようなわくわくする遊び場である。

「冒険遊び場というのは原っぱみたいなものである。何もない原っぱで穴を掘ったり，廃材で小屋をつくり，要らなくなった木っ端でたき火をして，時には焼き芋を焼いたりと，私達が昔，原っぱで群れて遊んでいたように，遊びの活動によって常に様相が変わるのである」。そんな話を虔一さんはよくしてくれた。

既成の公園はじめ多くの公共施設は完成した形というものがある。公園で人々の活動で何かをつくっても，原状回復の義務があり，元に戻さなければならない。しかしこの遊び場は虔一さんが言うように，子供たちの活動によって姿を変えていく。こんな遊び場があるのかというのが衝撃であった。本書の原題が「冒険遊び場 Adventure Playgrounds」であるが，『新しい遊び場』という邦題となったのも納得がいく。

デンマークのソーレンセン教授とスウェーデンのベンソン氏は同じランドスケープ・アーキテクトでもあり，交流も深かったと思われる。だが，スウェーデンでの冒険遊び場の展開はデンマークと異なる。ベンソン氏は行政の立場で，公園の体系の中に冒険遊び場を組み込んだ。日本にあてはめると近隣公園ほどの誘致圏の公園であるが，規模的には総合公園ほどの公園に冒険遊び場を設けて，公園内の冒険遊び場をプレイパークという名称で用いる。ベンソン氏はそういう公園を設計し，スウェーデンに定着させてきた立役者である。

冒険遊び場にはプレイリーダー（今はプレイワーカーという職種に包含される）という，子供の自発的な遊び

が誘発される環境を保障する専門家の存在が欠かせない。スウェーデンではその職種がレクリエーション部門で雇用され、レクリエーション政策の中でプレイリーダーという専門職能が位置づいてきた。ここでいうレクリエーションというのは日本で耳馴染む非日常での娯楽的な意味のものではなく、日常の生活におけるレクリエーションである。新しい住宅地開発に際して、そこでどのようなレクリエーションが可能なのかは、居住者が住宅地を選択する場合に優先度が高い項目となる。それゆえに開発の段階からレクリエーション空間を整備し、様々なレクリエーションクラブのプログラムが住宅地の宣伝として重要な項目となる。プレイパークもこのように新住宅地開発とともに普及していった。

スウェーデンのプレイパークはスウェーデンの地形、地質条件を反映して岩場が多い。その岩場の高低差など微地形をつかった冒険遊び場の遊びの仕掛けはたいへん魅力的なものであった。原っぱというよりもともとが岩場、それ自体が冒険心をそそる風景であるし、登り、飛び降りの身体の動きも活発になる。

大村夫妻は日本で最初の常設の冒険遊び場となった羽根木公園（地区公園）内の冒険遊び場をスウェーデンでの名称にならって「羽根木プレーパーク」と名付けた。ここは非常に話題となり、多くの人が訪れ、各地に冒険遊び場づくりの運動が広がる広告塔ともなった。そして今日、常設でなく非定期的な活動も含めると400団体ほどが冒険遊び場活動を行なっている。プレイパークという名称も広まっている。手づくり遊具や小屋づくり、普通は規制されるものが市民団体の活動により子供たちが生き生きと遊ぶ場づくりが広がっている。これは世界でも注目されることである。

そのように冒険遊び場は国の制度、文化、国民性を反映して、それぞれ異なる着地点を示しており、本書は当時のベンソン氏が整理した冒険遊び場がそれぞれの国でどのように受け止められ、定着していったかを見事に示している。もしベンソン氏が生きておられて、今日の日本の冒険遊び場を見たならば、どのように紹介しただろう。たぶん、市民運動としての広がりには驚嘆されるだろうが、プレイワーカーが未だ社会的に位置づいていない点を心配されるだろう。一方、都市公園で遊びを制限する禁止事項だらけの看板を見たら、さぞかし驚かれまいか…。

私はベンソン氏から黒い折りたたみナイフをお土産にいただいたのが最後の形見となった。切れ味がよく、竹細工などにも最適である。虐一さんはよくナイフで竹とんぼの羽根を薄く削り、できるだけ高く高く飛ばそうと挑戦を続けていた。残念ながら璋子さんに続いてご逝去なされ、その姿を見ることはもはやできない。私もあの黒いナイフをとりだし、竹とんぼか何かをつくりだすことにとりかかろうと思う。遊びの価値が忘れられているのは社会だけではなく、自分の生活の中にもあてはまることは、本書を読んでも気づくことである。

きのした・いさみ（千葉大学大学院園芸学研究科教授。大村夫妻との出会いから欧州の冒険遊び場を調べ、帰国後、羽根木プレーパークに通うなかで太子堂のプレイパークづくりに関わり、子供の遊びと街研究会を主宰して「三世代遊び場マップ」、「三世代遊び場図鑑」づくりにとりかかった）

新しい遊び場　Adventure playgrounds

スケッチ：セシリア・ベンソン

新しい遊び場
Adventure playgrounds

アービッド・ベンソン

大村虔一・大村璋子訳

鹿島出版会

Adventure Playgrounds
by
Arvid Bengtsson

Copyright © 1972 by Arvid Bengtsson
Translation copyright ©1974, 2014 by Kajima Institute Publishing Co., Ltd.
All Rights Reserved. Authorized translation from the English language edition
published by John Wiley & Sons Limited. Responsibility for the accuracy of the
translation rests solely with Kajima Institute Publishing Co., Ltd., and is not the
responsibility of John Wiley & Sons Limited. No part of this book may be reproduced
in any form without the written permission of the original copyright holder,
John Wiley & Sons Limited through Tuttle-Mori Agency, Inc., Tokyo

もくじ

復刻にあたって　　木下勇　　i

まえがき　　アレン・オブ・ハートウッド卿夫人　　8

序論　　11

エンドラップ　15

　エンドラップでの初期の体験　　ジョン・ベルテルセン　　16

イギリスの冒険遊び場　25

　グリムズビーでの初期の体験　　ジョー・ベンジャミン　　26

　ノッティング・ヒル冒険遊び場，ロンドン　　36

　エンゼル・タウン冒険遊び場についてのレポート　　フランシス・マクレナン　　38

　ロンドン冒険遊び場協会　　44

　就学前児童の冒険遊び場　　スーザン・ハーベイ　　50

　身障児の冒険遊び場，チェルシー，ロンドン　　ドロシー・ホイッタカー　　58

スイス義援金　67

　チューリッヒのバックウィーゼン・レクリエーションセンター　　69

西ドイツ　73

　ベルリンのメルキッシェ街からの報告　　74

デンマークとスウェーデン　83

　教育的な見地から　　リチャード・アンデルセン　　84

　デンマーク遊び場協会の見解　　ウルフ・ブランマー　　90

　チンビエル冒険遊び場　　ポール・E・ハンセン　　100

　「建設用地」の遊び場　　ボルグ・T・ローレンツェン　　106

運動公園の構成要素としての冒険遊び場　109
　　フラトース運動公園，イエーテボリ　110
　　レミセパーケン，コペンハーゲン　127
　　エリクスボー，イエーテボリ　133
　　ビエルンダメン，パルティル，スウェーデン──統合された学校　135

屋内施設　137
　　クラブ兼プレイハウス　138
　　バッカ・ヴェステルゴールド，イエーテボリ　140
　　バス車庫が遊び場になった　142
　　アムステルダムの展示館の中の冒険遊び場　146

アメリカ合衆国　149
　　レノックス・キャムデン遊び場，ボストン　151
　　遊び場資材交換所　ポール・J・ホーガン　152

日本　157
　　ガラクタ公園　158

おとなのための冒険遊び場　160

参考文献　162

引用写真提供者　162

関係諸団体紹介　163

索引　165

訳者あとがき　168

まえがき

アレン・オブ・ハートウッド卿夫人〔造園学会会員,『都市の遊び場』著者〕

　成長期の子供にとって遊びが非常に重要だ，という考えはことさら目新しいものではない。みんなそれを口にはするのだが，子供たちがよい環境で遊ぶ機会を持つよう骨を折っている人は少ない。現代文明はその苛酷な手で，子供ののびのびした遊びに介入している。各国の大規模再開発計画は，たいてい愛も理解もみられないひどいもので，一種の精神公害を生み出している。このごう慢さ，創意の欠如，人間の価値とスケールの無視という現象は世界的な病であり，流行している悲劇のひとつである。

　けれども，子供や青年が遊んだり，自分の創意による作業を楽しんだりする機会を設けようとする新しい有望で熱心な試みが世界中にみられる。こうした子供たちの楽しみに対する理解がより深まってくると，機械的な装置を置いた貧弱で退屈な遊び場に対する強い反対がでてきた。このような遊び場は，健全な子供たちみんなが持っている豊かな創意や想像力というすばらしい天分をアッという間にこわしてしまうので，しだいに信用されなくなっている。

　この本の出版は極めて喜ばしいことである。それは子供たちが余暇を有効に使い，自信を強め，快活さを持続させる自由のある場をつくるための最近の数多くの試みについて述べている。ここに取り上げられている遊び場では，子供たちは自分がそこの主人であると確信していて，あまり大人の介入をうけずに自分のやりたいことができる。多様で豊かな才能を持った子供たちのためのスペースと素材があり，引っこみがちな子供が独りですごせる薄明りと物蔭がある。

　青少年の関心をひきつけ，そのエネルギーを発散させるためのものとして，冒険遊び場は知る限りでの最も画期的な試みである。世界中の子供たちは，土や火や水や木材で何かしたい強い衝動を持っている。子供たちは手近に素材を持っていて，自分の欲求のままに自由に周辺のものを移動し，一見混沌としたもののなかから彼らなりの秩序を生み出したいと思っている。子供たちは本物の道具を使って作業したり，批判や非難をうけずに自分のやり方とペースでそれを使うのが好きである。子供たちは危険をたくらむのが好きだが，それも冒険遊び場で認められ歓迎されている。このような子供の特性はその中に独立心や冒険心をいきいきと育てる力を持っているからである。イプセンが言っているように――「生きていれば必ずある危険が伴う。いきいきと生きようとすればするほど危険も多くなる。」子供たちは，冒険遊び場で開放感を味わう。ことに混雑した町並や，あまりにも規則的な過密住宅地に住んでいる子供にとってはそうである。冒険遊び場とは，全く自由に新しい挑戦に立ち向かって自分を試すことができる場であり，自由に伴う責任について学ぶ場である。

　このすぐれた本が，生活環境の計画にたずさわっていながら眼の閉ざされている多くの人々を啓蒙してくれることを期待したい。人間が自分の運命を切り開くのは明日の都市においてである。もし，幼児期に，子供たちの貴重な創造力をおしつぶしてしまい，生来の好奇心や活気を抑圧しつづけると，子供たちが大人になってからそれをとりもどすことはほとんどなく，大人の世界はますます貧しくなるだろう。

この本は，冒険遊び場の創設と維持に関する複雑な問題に長年とり組んできた献身的な多くの人々の広範で様々な体験を集めた，最初のそして待望久しいものである。冒険遊び場の今日あるのは，最初のアイデアをつくったソーレンセン教授とエンドラップ冒険遊び場に生気を吹き込んだ最初のすばらしいリーダー，ジョン・ベルテルセンのおかげである。この2人が協力してそのあとにつづく私たちを正しいレールにのせてくれたのである。私たちはときどきつまずいたり失敗したりしたが，彼らの創始の思想に励まされてきた。そしてこれからも，子供を幸せにすることにたずさわるすべての人々を励ましつづけることだろう。

序論

「成長のあらゆる段階で子供は模倣する動物である。けれども、それ以上に、子供は人間社会の一部である。子供は大人の社会がしないことをしはしない。つまり、彼らは破壊し再建する。土掘りやトンネル掘りや魚釣りや探検をする。路上の最新式の自動車や通りの乳母車を観賞したり、買物や料理や縫物や絵を描くことや演劇などをする。彼らは彼らの社会の文化的伝統に絶えず参加しているのである。」

ジョー・ベンジャミン

子供たちは、絶えず自分の周辺の世界をさぐり調べまわる偉大な探検家である。これは成長のひとつの節であり、子供自身にとっても社会にとってもこの上なく重要なことである。けれども、この大切な成長過程に、彼らの周辺の世界がその成長を助けてくれることはあまりない。各国の平均的住宅地を見れば、そのたいていは子供という探検家にとって貧弱な環境であることがわかるだろう。砂場とか、いくつかの遊具は備えられているが、そのたいていは、見てくれを大事にしているにすぎない。もし、子供が最も単純な構造物としてただ一対の石が欲しいといっても、法や規則を誤用でもしなければほとんどそれを実現することはできない。破壊行為がいわゆる現代文明社会の問題となるのは当然である。500人の子供のいる住宅地は大きなものである必要はないが、自分を含めたあらゆるものをためす数百人のチビ探検家の荒しまわることが考慮されていない環境にとって、子供たちはたしかに大きな負担となる。

けれども破壊行為は、主に費用の点で問題になるにすぎない。そして大体は何とか解決される。むしろ、幼年期や青少年期に貧弱で柔軟性のない環境にすごすことによって起こる抑圧の方がもっと重大な問題である。それは青少年の犯罪やけんかや自己疎外や麻薬の常用などという結果を導くだろう。

それでは、どうしたら、探検したり試したりしたい子供の欲求を適える環境を創り出せるだろうか。デンマークの造園家であるC. Th. ソーレンセン教授は1930年代にこのような問題提起をした。その答えが、今では多くの国々で実施されている冒険遊び場であった。そして、冒険遊び場に関するいくつかの問題とその解決法を述べることがこの本のテーマである。

けれども、このすばらしいアイデアは、その後いったいどんなふうに発展しただろうか。それはまさに世界を征服しかけているのだと言いたいのだが、それが実現しきっ

ていないのはなぜだろうか。その適切な発達を妨げているのは、冒険遊び場の運営法についての無知であり、その結果、訓練されたリーダーが不足することである。冒険遊び場の需要は急速に高まっている。私が公園と遊び場についての責任者であるイェーテボリという町に関する限りでは、最近、25の新しい冒険遊び場が要求された。（その頃に、本当にその名に値する冒険遊び場は2つしかなかった。）同じような要求がいたるところで行なわれた。しかし、それは早急にたやすく適えられはしなかった。含まれている問題の複雑さがまだ認識されていないところではことにそうだった。私としては、冒険遊び場についてのたいていの問題を知っているとは思うが、だからといって必ずしもその解答を知っているわけではない。10年以上も冒険遊び場を運営していて、1945年に初めてエンドラップを訪れて以来それについて研究しているにもかかわらず、そうなのである。冒険遊び場は難しい仕事であり、これまで失敗した例も多い。

この本は、各国での体験者から得られるだけの情報を集めようとしたものである。冒険遊び場が運営され始めてから25年以上もたつのに、これまで追跡調査が行なわれたことはめったになかったので、蓄積された体験もほとんど知られていない。成功した遊び場のリーダーが転職する場合には、その遊び場で得た知識ごと去ってしまうのだった。報告書が出されても、極く狭い範囲のことに限られていて、すぐに忘れられてしまった。だから、新しい遊び場は他の遊び場での体験に学ぶことができず、大体ゼロから出発しなければならなかった。このコミュニケーションの断絶というハンディキャップは何とかして克服しなければならないと思う。この本がそのために役立つ材料を提供できることを期待している。

この本のもうひとつの目的は、新しい住宅地の設計や造園の際に冒険遊び場を組み入れる方法を述べることである。冒険遊び場が世間一般の要求になる時代が必ずやってくるだろう。そして、おそらく、ある人々が考えているよりも早くその時期がやってくるだろう。プランナーや建築家をそのときのために準備しておくべきである。いまのうちに、明日の冒険遊び場をめざして設計し、予期される要求に対処しておくことができれば賢明である。遊び場にふさわしい位置によい場所があればマークしておき、少なくとも必要な植込についてぐらいは、できれば設計しておくべきである。けれども、遊び場を裏の土地に隠そうとしてはいけない。そんなことをしては、それは大体確実に「隠れ家」になってしまい、最初から失敗するだろう。子供たちは本来私たちの中にまじっているべきものである。そして、子供たちの自然な遊び方が受け入れられない理由はない。

スケッチ：セシリア・ベンソン

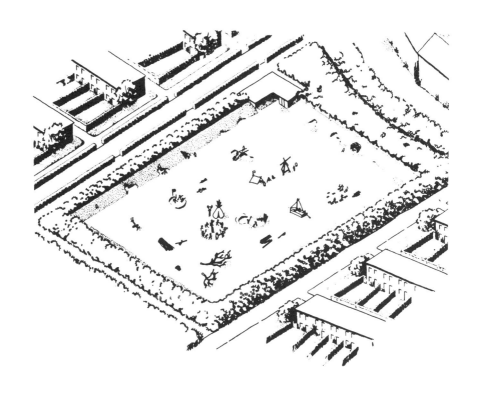

エンドラップ

知られている限りでは，世界最初の計画された冒険遊び場はエンドラップに始まる。1943年，ドイツ占領下のコペンハーゲンの郊外でのことである。それは労働者協同組合住宅協会と造園家C. Th. ソーレンセン教授によって始められたが，すでにその12年前に，その著書『都市と農村のオープンスペース(*Open Spaces for Town and Country*)』の中で，がらくた遊び場のアイデアについての最初の記述があった。

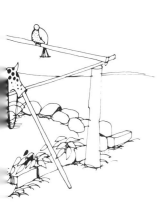

中心地区の7,000平方メートルを遊び場に利用することができた。騒音を弱め，とりちらかしたながめに対して起こりそうな批判に負けないよう，遊び場の地面を，周囲の土地より幾分掘りさげ，その周囲に高さ6フィート(1.8メートル)の土手が築かれた。土手の上には丈夫な針金の柵が張られ，野バラやサンザシやアカシアで周辺から見えないよう隠された。それはまもなく入り込めないほどの茂みになった。

できたばかりの数年間はむずかしいときであった。廃材も含めてあらゆる素材が極端に不足していた。この実験は簡単に失敗してしまい，今日そのことをきいたことがある者はほとんどないようなことになっていたかもしれない。私たちがエンドラップを知っているのは，その最初のリーダーであるジョン・ベルテルセンに負うところが大きい。彼はこの遊び場に哲学を与え，できるだけながい間この遊び場に人々の注意を引きつつづけた。エンドラップの初期の彼の日記は，今なお価値ある読物である。

エンドラップでの初期の体験

ジョン・ベルテルセン

この文をアレン・オブ・ハートウッド卿夫人にささぐ

戦争の中頃，占領下の1943年10月15日にオープンしたエンドラップの冒険遊び場に集まってきた子供たちは，住民のいろんな階層を含んでいて，比較的裕福な者からたいへん貧しいものにまでわたっていた。その境界線はおそらく，市から家賃補助を受けている家の子供とそうした援助なしに家計を維持できる家の子供との間に引けるだろう。最も幸せな子供とは，社会的地位にかかわりなく，自分の生活を愛し受け入れている者である。しかし親たちにとって子供をそうさせるのがむずかしいときがある。それはきびしい生活環境の中で暮しているときや，平凡さや平均的社会標準に世の価値規準が置かれているときである。

子供たちの遊びの展開は肉体的にも精神的にも彼らの環境―――大人や社会の遊びに対する姿勢―――と密接な関係をもっている。子供の冒険遊び場での行動や遊びはこれを実証しており，さまざまな状況の影響が明らかに反映されている。大人や社会にとって単に遊びの施設を準備することだけでは十分でない。遊びを通して子供の成長のための精神的な風土が創造されるように，遊びに対する積極的なそれぞれの姿勢を提案しなければならない。今日私たちは，遊びを通しての子供の幸せと成長のためにいくぶんかはよい物理的な環境をつくっている。しかし，もし子供が積極的で適切な方法で与えられる可能性を利用することができれば，「子供のため」の物理的環境は「遊びのため」の精神的な背景と同様に必要なものだということがなかなか理解されない。

私たちは新しい形態に時代遅れの内容を温存しようとする傾向がある。たとえば社会一般に，つまり大人に受け入れられているものとか，因習道徳とかである。もちろん，われわれは熱心に最新のアイデアにかかわりたがるのだが，われわれの内的感覚がいつもそれに遅れずについていくことはできないからである。例えば，われわれは，北京からロンドンに飛んできて，これだけの距離をこんなに短時間に旅してみてどうだったかをたずねられた中国人の訪問者にだいたい似ている。彼は分別深く率直に答えた。「楽しい経験でした。しかしたましいはまだ追いついておりません。」もしもっと多くの人がこのような知覚をもってさえいたら，いろんな面でたいへん役立つだろう。

物理的な環境と身体の間に，あるつながりがあることは，子供にとって欠かせないことである。すなわち遊びの施設は，それに固有の精神的環境をもち，遊びの内容全体に積極的な姿勢をもっていることが必要なのである。子供は生活に対する飽くことを知らない大食家であり，遊びが与える可能性のあるさまざまな経験すべてを必要としているのである。

大人と社会がなにか真理の独占権を持っているなどとはだれも主張できない。それはわれわれの肉体的精神的動脈硬化症を受け入れさせている因習なのである。

遊びは自由なやり方で人生に挑戦することとなんらかの関係がある。私が監督を勤

めた1943年から47年までの間にエンドラップで体験したことはたいへん喜ばしいことであった。そこではすべての活動が通常のことであり当然のことであるとして受け入れられた。外部の世界ではその実験が評判になった。そしてその姿勢は今日もほとんど変わっていない。私たちはまだ当然通常のものとみなされるべきことを認めることができないでいる。たまたまそれが実施されるときに評判になるものとして「通常」というラベルを貼るのである。

　以下のページは、エンドラップ冒険遊び場の最初の年の日記から抜粋したものである。そこで私は子供らや若者たちに加わり「大いにやろう遊び」をした。日記が書かれてから27年もたっているのに基礎となる趣旨は今日でも正しいものであると私は思う。各自ご判断下さい。

1943年

午前10時45分遊び場が開園された。天気は涼しく空は曇っていたにもかかわらず、すでに9時半には子供たちは彼ら自身の王国への扉をたたいていた。ちょっとした間違いから私は10時15分まで鍵を持っていなかった。そこで予定より15分すぎるまで扉を開くことができなかった。

　このときまでにはおよそ50人から75人の子供たちが数人の母親やおばあさんといっしょに集まってきた。子供たちの数がふえるにつれて、まだ鍵のかかっている扉に対する不平の声は刻々と大きくなり、ほとんど脅迫のような状況になりだした。

　そのときとうとう仲間の大工が鍵をもってやってきた。扉が開けられると子供らは飛び込んできて、遊び場を占領し、手押し車、その他すべてのものを自分たちのものにした。

　私たちはまず建物づくりの材料を全部屋外の倉庫に運ぶことからやりはじめた。煉瓦、板、モミの柱、セメント柱が入口の左わきに運ばれた。そこでは建物づくりや穴掘りがすぐに始められた。その作業は4歳から17歳の子供によって行なわれた。それはフルスピードでつづけられ、作業者はみんな上機嫌であった。ほこり、汗、注意する叫び、ちょっとしたかすり傷などすべてがまさにふさわしい雰囲気をつくりだした。子供たちの遊びと作業の場は開かれ、子供らはそれを十分に活用する方法を知った。

　6時15分に私が最後に扉を閉めるときまでに、ほぼ900人の子供がこの遊び場を訪問していた。

　今日は旗ざおの日だった。正午にサイレンと大勢のかっさいの伴奏にあわせて、海賊のドクロの旗が第1ブロックの第3小屋の外のモミの柱に掲げられた。その旗がひるがえって、うつろの眼窩が見え、遊び場の上をにらみつけたときはおそろしい一瞬であった。しかしはりつめた感じはすぐになくなって、それはただ日常の「旗あげ」のセレモニーであることが明らかになった。そしてそのセレモニーとともにいつものようにケーキをたべたりレモネードを飲んだりした。

　この日には5本以上の旗ざおがあらわれた。しかしその所有者たちは、より月並みな考え方をとり、彼らの先祖の名誉ある国旗を掲げるほうを選んだ。これだけでなく、彼らはなにか他のことにも想像力を欠いていた。理由がどうあろうとも、彼らはみんなデンマークの旗を掲げた。

　たいていの建物づくりの素材が前日に小屋づくりに使われてしまったときに家を持っていない子供たちは作業をはじめて，モミの柱の大きな円錐形の小屋を建設した。この円錐形の小屋は，さしあたって自分たちの家と呼べる家がない子供たちのための一種の公共の小屋としてつくられたものである。その午後の間，にぎやかな活動が行なわれた。家々やイスやテーブルのような備品の最終試験をする者や，テーブルの上においた空のビールビンに花を生ける者さえいた。ただひとつがっかりさせられたことは，残念ながら材料が不足していたことである。それは，子供たちが冒険遊び場で創造の欲求を実現できないことを意味するものである。

　今日の作業は「大地に帰れ」のスローガンに基づいていた。芝生がはがされた小さな土地が今度はほら穴でいっぱいになった。とりわけ大きいほら穴は，遊び場の「警察署」になった。そのあと「警察」を表わす旗があげられた。次にドアにペンキで「警察署」とかかれた。そこで公式の警察は今や市民の保安隊とは別に新しい支署を持っている。「警察」の存在は大多数の子供たちに受け入れられた。そしてその仕事は平和や秩序を保つことであり，さまざまなほら穴や小屋の中での蛮行に手を入れることである。野蛮な行為は普通は面白半分に始められても，しばしば重大な結末になることがある。遊びのための十分な素材と可能性がある限りは，遊び場ではけんかはめずらしいことである。

　子供たちの中での私の仕事とは，うまく進行させることであると考える。要するに，私の仕事は遊びの中の創造的要素を活用する能力を育てる指導者という仕事である。この抑圧的な現代社会の中ですべての子供に緊急に必要な精神的な安全弁として作用しながら，子供の成長を助けることである。

　遊びのための適切な機会と情況があると，子供たちはハッと驚かされるような才能を示し，幸福感を漂わせるものである。そして，いわゆる「扱いにくい子供」の場合には，自由な遊びをすることによって，その問題の多くが解決されることは疑いないことである。これ以上理屈っぽい議論を展開したいと思わないが，子供と遊び場と私とは，個々の要素のさまざまな機能のあいだに適度なバランスがある（少なくともさしあたっては）有機的な全体の一部であると強調したいのである。

ほら穴の点検が行なわれた。ほら穴は崩壊の危険がないように頑丈につくられ，巧みに支えが施されている。「警察」では穴の外に2人の「巡査」がいる。2人は身仕度をし，たいへん真剣な顔をし，たいまつをもって立っている。委員会は10歳と12歳と14歳の少年少女各2名ずつで構成されている。子供たちが「自家製」のサーカスを興行したいといいだしたときに，私たちは学校が休みである明日のことについての最初の会合を開いた。委員会は午前9時半に始まった。私たちは当日の手配について詳しく話し合った。午前10時に門が開かれたときに，150人の子供が外で待っていた。ひとりの年うえの少年が午後1時のサーカス興行を知らせる掲示を作成した。子供たちの期待は高まった。まず，ロープと柱を使ってリングがつくられた。午前11時までに約100人の子供がすでに席についていた。サーカス興行の間に，年少の観客も年うえの観客もそれ相当の金額を寄付する募金をすることが午前の委員会で決定されていた。私たちは合計12クローネ（68ペニー）を集めた。会計係は委員会のメンバーであり，私が監査係であった。集められた金額は，この非常に成功した興行にかかった費用よ

りもかろうじて上回っていた。プログラムにはウォーターパントマイムやアクロバットや道化が入っていた。すべてはその金額に値するほどよく,観客は十分に楽しんだ。

今日はとても忙しかった。煉瓦小屋がこわされ,新しい所有者の手でちがったデザインで再建された。建物づくりや土掘りは少年たちばかりでなく,少女たちをも魅了しつづけた。普通,少年たちは主に小屋の実際的な建設にあたり,少女たちは小屋の飾りつけにその才能を発揮した。

遊び場にいる子供の数は,天候とか宿題に大きく影響されて,かなりの変動がある。遊び場がしだいに日常のものとみなされるようになって,遊びたいときにはいつもそこにあることがわかるようになると,毎日の訪問者は200〜400人に減ってきた。そして,これは今後のおおよその数であると思っていいだろう。

連日の雨だ。固い地面がほとんどなく,すべては水びたしである。それにもかかわらず,常連の子供たちが現われた。こんなときには,小舟でこいでいくようなことになるのだが,彼らは遊び場にいきたいと主張するのである。私たちは大部分の時間を建具の入ってない小屋で過ごすはめになり,子供たちはデッサンをしたり,絵を描いたり,粘土で作業したりして楽しんでいる。そのためにいくつかの小芸術作品が生み出された。それらによって,子供の心とそのいろんな矛盾をよく見抜くことができるようになった。また,数ヤードの長さの絵をグループで作成したが,その成果は実に驚くべきほどである。これらの活動の合間に,「ラミイ」とか「ベガー・マイ・ネイバー」といった,すぐ終わるトランプ遊びをする。そして,こんな面白いゲームは子供たちにとても人気がある。また,数個の古いブリキ罐を吊して,それを射撃演習に使う。子供たちはボールが罐にあたったときに出る音が好きである。そのカランという音は成功した射撃への報酬である。

雨のやんでいる間に私たちは竹馬で散歩をする。そして,思いがけなく,地面はすっかり水びたしのように見えるのに,私たちを支えることができるのだということに気づく。今では,悪天候の日でも約100人の子供たちが遊び場を訪れている。

数日雨の日がつづいたが,その後天候は着実に回復している。今日は午前中から大掃除だった。水による被害は修繕しなければならなかった。それは小屋についた泥を取り去るとか,屋根を精密検査するとかであった。文字どおり水びたしの遊び場の一角は数人の元気な少年の手で排水された。けれども,このコーナーが再び使えるようになるまでにこれからあと数日はかかるだろう。

1944年

素材の不足にもかかわらず,土と石のほら穴の建築がつづけられている。ほら穴のひとつは深さ2.5メートルに計画されている。その内壁は厚板で補強し,崩壊を防ぐために一方の壁からもう一方まで125×125ミリメートルの梁をかける予定である。他のほら穴は一種の地下室に仕立てられている。ある少年たちが残り物の少しの煉瓦を使ってこの上に建物をつくることに成功した。その結果できあがったものはたいへんよいものである。ただ,その4分の3を煉瓦でつくった上部の建物は耐久力に限界があ

るが，少年たちはこれをいつも修繕しつづけ，耐久力のある家をつくるのに努力を注ぎ，器用な腕をふるっている。しかしながら，少年たちは去年の夏私たちが約束した煉瓦がいつか到着することに，まだ期待をよせている。

この1週間，天候が比較的悪かったので，建具なしの小屋での活動が多くなった。たくさんの絵画，素描，彫刻がつくられた。子供らの生産性は実に莫大なものである。今年はさまざまな素材を自由に使えるようになったことや，それを使って，各々がより自由に自己を表現できるようになったことに特に注目すべきである。われわれはほとんど自分自身をがらくた芸術の解説者とみなせるほどになりだしていた。より大きな子供たちのなかにはあらゆる種類の古いがらくたから，大きないろいろな彫刻をつくる者がでてきた。たとえば，高さ2メートルの想像上の動物とか，たると木製ブロックや板を少々用いた巨人とか，さびた自動車部品から古いホウキまですべてのものが使われた馬上の騎士とかいったものである。これは，工業芸術美術館の子供展覧会に「がらくたの馬と騎士」という題で展示された。以下の批評はそれについて新聞にのったものである。「この展覧会で注目すべきもののひとつに馬がある。これは冒険遊び場で，何人かの年うえの子供たちによってつくられたものであり，使い古しの木材や他のキズ物の素材でつくられている。馬のたてがみはすりきれきった洗たくハケであり，騎士の鼻はすばらしい2メートルの長さのホウキの柄である。」

1945年
住宅協会が，遊び場への関心が増し毎日の訪問者数がふえることを予期して，何かゲームをつくってくれと私にたのんできたとき，私はこの遊び場の全体的な目標について自分の考え方をはっきりさせたいと思った。私たちは現在まで2年近くの間これをつづけてきたのであり，遊び場には毎日およそ200人近い子供たちがやってきている。冒険遊び場を創り，内容すべてを実際に現実のものにしてきたのはこれらの子供たちである。私は今，この最近の段階で，どのような約束ごとにも縛られるべきではないと思う。そのかわり，われわれは必要な素材を手に入れるためにできるだけのことをすべきである。そうすれば，この遊び場も造園家ソーレンセン教授や私が最初に意図したように子供たち自身が創造者である遊び場にすることができる。

　私はもちろんリーダーとして雇われている。しかし冒険遊び場では，リーダーと，いわば外から働きかけるオルガナイザーとは同じように考えられることはほとんどない。むしろ私の役目は遊び場の実際的な体制のなかで生じる役目である。そしてその遊び場で私は子供たちの計画を実現させるためのあらゆる機会をつくる立場にいるのである。主導権は子供たち自身にあるべきであり，必要な素材が手に入れば，それらが子供たちに遊びのインスピレーションを与える。私は子供たちになにかを教えることはできないし，事実教える気持もない。私は子供たちの創造的遊びと作業を支持することができる。そうして家や学校ではしばしば押えつけられてしまうこれらの才能や能力の発達を助けることができる。私が最も重要だと考えていることは，リーダーがあまりにかしこく見えないようにすべきで，子供たちと同じ実験的な段階にとどまっているべきだということである。こうして主導権はおおいに子供ら自身にまかされ，そうすることで彼らの幻想的な世界にしかつめらしい押しつけをしないようにできる

のである。

　遊び場があまりスマートな外観をもっていないので，子供たちがそんな混雑の中で遊びまわっても，たぶん楽しくないのではないかという苦情がときどきあった。これに対して私はただつぎのようにいいたい。ときには，子供らはこんな方法で遊び場を形づくりこね上げることができるのである。それは子供たちの努力の記念碑であり大人の眼にとって美的な楽しみの源であったり，またあるときには，大人の眼には豚小屋のようにみえることもある。しかし，子供の遊びは大人が見るものではなくて子供自身が体験するものである。リーダーの観点からすれば，私自身が見るように，遊び場の外観はどんなときでもほとんど完全に子供の活動によるものでなければならない。それを形づくるのは子供らの決定によるもので私のではない。がらくたやいろいろな素材を使った遊びが遊び場でだんだん目立つようになると，私は大人からの抗議を受けることが多くなった。大人は遊び場がどんなものであるかについて全く理解できなかった。大人たちはかつて自分たちがどのように遊んだかを忘れてしまっていたか，そうでなければ全く遊んだことがなかったかである。大人たちに対する私の答えは子供たちは原始的な生き物だということである。すなわち子供たちは石器時代人を演じることが好きである。石器時代人はその岩穴や地下洞から探検に出かける。枝，厚板の切れっぱし，煉瓦，パイプ，すべてがほら穴づくりに利用できる。その発明の才能とエネルギーをつかう機会が多いような建築現場やがらくた置場や同様な場所はいつも子供を磁石のように引きつける。多くの少年たちはモーターを分解しもう一度動くようにするような仕事の後でよごれた顔ときたない手をして家に帰るのである。たいへん多くの子供たちが建築現場で足場のある高さから別の高さへ「死の跳躍」を試みている。

　それはいつもくりかえされる全く同じ古い物語であるが，より大きなスケールになるものである。たとえば子供は好奇心から目覚時計を分解し，その他の利用法がわからなくても，歯車がすばらしい紡績コマになることを発見して大喜びする。子供の想像力は刺激され，子供の発見への要求はときには機械工や発明家や足場職人などになって遊ぶことによって満たされる。1階で厚板の上でバランスをとっているとき，彼はそれを目まいがするほどの高さにいて，ちょっと間違って足をふみ出しても命とりになることを想像する。そして板切れと麻袋で三角テントを立てたときには，石の心臓をもったインディアン酋長オクロタバになる。もし幸運にも池の近くに住んでいれば，古い寝椅子の舟に乗り，古いシャベルでこぎながら楽しい航海をするだろう。その間中彼らが想像しているのは航行不能な河川を下る大胆な船旅である。街の子供が今日，その自由な遊び場をなくしてしまった埋め合せとして必要としているのは，みんなこうしたことなのである。そして，これが冒険遊び場が必要になってきた理由である。

　この遊び場に対する親たちの態度はかなりまちまちである。ある人は遊ぶときに子供がきたなくなるので閉口している。ある人はそれが子供に自由に遊んでもよい場所を与えるということで支持している。そしてほんの少しの親たちは遊び場がその土地の児童施設の一般的な不足という問題を緩和したと見ている。

1946年
冒険遊び場はしだいに大人の社会の中の子供のコミュニティになってきている。使え

る素材がたくさんあるときには，毎日200人から300人の子供がそこにやってくる。子供たちの遊びを見ているとコミュニティがある現実味を持ってくる。建物づくりや穴掘りやハンマー打ちやノコギリひきなど，遊びと仕事の重なりあい，ほら穴と小屋が出現したり消滅したり，独特の自動車がさまざまな方法でつくられ，戦車，装甲車，タクシーなどの名誉ある存在のあとで分解される。塔や円錐形小屋がそびえ立ち，1本の塔は20メートルの丈がある。しかしながら，子供たちは雲があるためにこれより高いものをつくろうとしない。もしだれかがそこで雲に乗っていなくなってしまったら悲しいことになるからである。ある子供たちは，間もなく酸素マスクが必要になると言っている。塔の上では空気はそんなに薄いのである。子供の遊びの活動の中で，建設の過程と完成された結果と最後の取り壊しはどれも同様に重要な段階なのである。

私は最近スウェーデン人と知りあいになった。彼はスクランメル・ニス*の名前で知られているが，あちこちの学校でガラクタオーケストラの仕事をしている。これはたいへんいいアイデアであることがわかってきている。遊び場で私たちは1日中ガラクタ音楽をやり，子供たちはいろんなものを叩いてならす音が好きである。ときどき子供たちが絶えず叫び声をあげながら，大きな空樽やいろんな他の金属片を打ちならすときには先住民の村に住んでタムタムを聞いているような感じである。学校の音楽の時間のときに解放されないなにかをぶちまけていることは疑いないことである。

1947年

1947年の春に私は冒険遊び場のリーダーをやめた。私の考えではこの仕事の将来の発展のために必要な条件がここになかったからである。私が関係した最後のことは高さ20メートルの塔をこわすことであった。それは子供たちの大空の夢と創造の喜びのシンボルであった。年うえの少年のひとりがデーリー・ジャンク・コミックにこれを書いている。それは，1度，それもたった1枚発行された新聞である。以下がその抜粋であり，これで「がらくた学」のノートが終わっている。

「エンドラップのすばらしい塔の崩壊！

僕はきのうの朝，同室のひとりの友人にいきなり起こされた。冒険遊び場の向い側の住民が子供たちが塔から落ちるのを何度も見ているので，遊び場の塔はもうこわさなくてはならないと，彼が気違いじみた声で叫んだからである。妙なことだが僕は遊び場に朝早くから夕方遅くまでいたのに，だれかが落ちたのを見たことがないのである。しかし，それでももちろん僕は14歳の少年にすぎないし………。

『さあやろう』とリーダーのジョンが叫んだ。そこで僕らはこわしにかかったが，まだいそがないで，尖塔に登り，ツボルグ醸造所の方を最後にひと目眺めた。それからロープがかけられ針金が切られた。そのとき突然『アンドロクレス，アンドロクレス』と叫んだ者がいた。アンドロクレスは等身大の合板製の骸骨だった。彼は尖塔の上でニヤリと笑っていた。うしろの方で，『よしきた，アンドロクレスはすぐにすべりおろそう』という声がした。

そこでわれわれは大きなノコギリをもってとりかかった。われわれが重い梁をひいているとき，あちこちで涙が流された。なぜならこの塔はわれわれの誇りであり，遊び場のランドマークだったから。前にこれをつくった者は，いくぶん憂うつな気分だ

* スカンジナビア語。がらくたに宿る幸運の妖精。

ったが，他の者はより簡単に運命とみなした。
　それから塔の接合部にきしむ音がきこえた。後部の支えがノコギリでひかれ，残っているのは前面の梁だけになった。まもなくノコギリでこれ以上ひけば危険なところにきたのでみんなはそこを離れた。そして新しいチームがそれにかわった。彼らは塔を引きおろす役目である。強い腕でロープを引くとき，きしみやこわれる音がして塔は倒れだした。たいへん大きな音をたてて……。」

後奏曲

　子供の遊びは単なる運動や行動やうるさい行為ではない。それはまさに，草の中に寝そべって雲の形に思いをはせる空想でなり立っている。樹木，動物，鳥，人間，物や機械，こうしたものがすべて子供の想像力の主題となる。ブンブンいう蜂，蝶，長い草のうねり，落葉，これらみんなが遊び好きな驚きの心を満足させる。観察しながら子供は遊びの素材を集める。よく見つめることによって感銘を蓄積し遊びに転換していく。なにか起きているときには，子供はおどろくほどがまんづよくなりすっかり夢中な見物人になれる。
　怠惰──なにもしないで，感覚を働かせながら過ごすのもひとつのゲームである。なまけ遊びは空想の世界への展望を与えてくれる。子供が横になって草に聴きいるような場所が人生の一里塚の間にはあるものである。
　訓練や心理学は子供の遊びの要求を理解するのに役立つ。遊びの体験のための子供と大人の間の相互作用は遊び自身の肥沃な土壌にある。遊びの展開に子供が必要とすることが適えられるように大人ができる限りの援助をするような暖かい雰囲気が大切である。論理的に知識を教えることや心理学的論理は，それが子供への愛情や子供の生活の仕方，つまり生活しながら遊ぶやり方への愛情をはっきりと示している人間性の一部でなければ，遊びへのかかわりでは価値のないものである。大人が子供に与えたプレイルームや道具や素材は，もし大人が遊びの精神と本質についての理解ある態度を示さないならば，その機能を十分に果たさないものである。
　結局，冒険遊び場は街の子供が遊ぶための戸外空間の必要性に対する万能薬でも唯一の解決策でもなくて，街の子供が他の方法では見つけられないような遊びのための状況を提供する方式であることがわかってきた。数年前アレン卿夫人が書いた次の言葉は今でもあてはまるのである。「冒険遊び場を組織するには勇気と積極性と信念が要る。私は今日，これ以上報いの大きい仕事はほとんどないと考えている。」

スケッチ：セシリア・ベンソン

スケッチ：セシリア・ベンソン

イギリスの冒険遊び場

　冒険遊び場の歴史はアレン・オブ・ハートウッド卿夫人と密接な関係がある。C. Th. ソーレンセンは冒険遊び場の創始者であり，ジョン・ベルテルセンはそれに哲学を与えたが，それを社会問題にしたのはアレン卿夫人であり，それは現在ますますさしせまった問題になっている。
　アレン卿夫人は第二次大戦の直後にエンドラップを訪れた。そして1946年11月に，そのデンマークでの試みについて述べた彼女の記事が挿絵入りでピクチュア・ポスト紙上に載った。当時は，戦時中の爆撃のため，非常に多くのイギリスの街が本当の冒険遊び場とはこんなものだと子供たちが考えるものとさほど違わない状態になっていた。そして遊びを誘発するがらくたや，ものを建設する材料のたくさんある爆撃跡の廃墟があちこちにある時代だった。こんなときに子供たちはちょっとした危険などにしりごみするだろうか。事実，子供たちはヨーロッパ中の爆撃による焼跡で，危険ではあったが，思う存分に遊んでいた。「なぜ，そのうちのいくつかを安全に遊べる場にしないのだろうか。」アレン卿夫人の記事について力説したピクチュア・ポスト紙の社説はこう世論に問いかけた。
　この記事のあとに，数多くの冒険遊び場が試みられた。なかには成功したものもあるし，それほど成功しなかったものもある。アレン卿夫人は，そのほとんどの試みに全面的にではなくても，ある程度の関わりをもっていた。イギリスでの冒険遊び場の歴史を書けば，きっと面白い読物になることだろうが，それはこの本の役割ではない。ピクチュア・ポスト紙の記事がイギリスで今も余韻を残しており，それが今や世界的に広まっている変革の点火の役割を果たしたということを指摘しておくにとどめよう。冒険遊び場の考え方はもともとはデンマークに始まるのだが，たいへん不思議なことに，それはイギリスを経由してスカンジナビア半島までも征服しようとしている。

グリムズビーでの初期の体験

ジョー・ベンジャミン『冒険を求めて』からの抜粋。
ロンドンの社会奉仕全国協議会の御厚意により転載の許可を得た。

この遊び場は1955年7月25日に開園した。その後6週間，火曜日ごとに委員会が開かれ，私の報告と日記や，同じように経過を見守っている委員会のメンバーそれぞれの観察について話し合った。この試みが成功するか失敗するかは手に入れられる素材の量によってほとんどきまりそうだということがすぐにわかった。開園の翌日，私は次のように書いた。「私たちの持っていた材木片はとっくになくなってしまった。クギは2度も追加支給をしたのだが同じようになくなってしまった。最も需要の多い鋤は不足している。材木やその他の素材がなくなってしまうと，その代りになるのは土だけである。ものを建設することができないときには，土を掘るより他にない。子供たちは本能的にこのことを知っていた。そこで，鋤はいつもひっぱりだこであった。」

それから3日後の7月28日。「それはすばらしい日だった。おそらく最良の日だ。古い庭椅子や梯子や暖炉の枠などといった素材の入った包みが4個も配達されたのだから。素材が増えたので，敷地のいたるところにデン（小屋）ができあがった。それらの大部分はこわれそうなものだったが，それを作ったり使ったりするのはたいへん楽しいことだった。今では進歩して建物を設計するものまででてきている。年うえの2グループは2，3部屋もある掘立小屋をつくっている。それが発展してなにかもっと組織されたものになるのに，6週間あれば十分かどうかは後にならないとわからないことである。」

8月4日までにデンはそれぞれ立派な名前を持ち始めていることに気付いた。たとえば，よくあるのは「ジョーの小屋」「虫の穴」「私たちの家」「心地よい巣」「天国」「ロンドン警視庁」などの名前である。その翌日，私は「囲い込みシステム」について書いた。周囲に柵をつくったデンもあれば，内側にカーテンをかけた小屋もあった。つづけているとそれはますます発展した。そして8月10日。「小屋は今や実用的なものか公共サービス施設になっている。最初の小屋は『ホワイト・ホテル』である。つぎのは自家製の梯子で仕上げられた消防署である。『掘立小屋の町医院』とよばれる応急処置の小屋には3人の赤十字の青年と13歳の少女1人と8歳と9歳の最も年少の雑役夫2人とが配置された。医局員は病院に待合室をつくり，自分たちの上衣やひじ掛椅子をつくり出した。また，彼らは担架を製作中である……。」

このようなデンの最も興味深い特色は，実際の建設よりはその利用法にある。「公共サービス」の小屋はみんな機能的になった。病院の職員は応急手当をした患者をうけつぎ，消防署はいろんなたき火をパトロールし，「交番」の警官は悪者を逮捕し公の法廷でとり調べた。どんな場合にも，先に立って何かをするのは子供であり，私の役目は第1に公平さを保証する監督であり，第2に子供のアイデアをとりあげて，どうしたらそれを発展させることができるかをそれとなく言うことであった。ときには，何か他の活動を工夫したり即興で行なったりすることで，子供の気分転換をはかるこ

とが必要だけれども，私が自分から先に立って建設作業や社会事業を始めようとしたことはたった2度だけである。

子供委員会

子供たちは必ず熱心に委員を務める。遊び場のいろんなところにあるデンを代表する10人の委員を選ぶのに，私が説得する必要はほとんどなかった。最初の日の夕方に，私たちは集会を持った。そして，10人目の委員が少女であるということに対する9人の委員のうんざりした気持を聞かされた。少し議論したあとで，これは「みんなの委員会」であるということに彼らの意見がまとまりはしたが，少なくともこの最初の委員会に関するだけで，実際はあいかわらず「少年みんな」のものになったままであった。私自身の考える委員会形成の目的は，基本的には，実際に役立ってもらうことであった。私はただ，道具の分配や回収，予想される弱い者いじめや破壊行為の監視役をひきうけてくれることを望んだ。委員グループ側では次のことを提案した。
1. いつでも利用できるお金があるように，釘の基金を始める。
2. 私が鋤やハンマーをもっとたくさん大人の委員会に対して要求する。
3. 遊び場の名前をつける。

はじめの2つについては全員の賛同が得られた。しかし，3番目についてはしばらく論議され，「ごみの山」とか「喜びの街」とかの名前が提案された。次の日，やっと「掘立小屋の街」という名前に落ちついた。

広報活動

遊び場が子供たちにとってどんな意義があろうと，その姿かたちは近隣の人々の論議のまとになった。1955年の8月と9月のグリムズビー・イブニング・テレグラフ紙の投書欄は委員会の意見だけでなく住民の意見をも反映していた。次の抜粋はその典型的なものである。
1. 「拝啓——たまたま冒険遊び場の向いに住む不運な住民のひとりです。かつては静かで上品な通りがほとんど一晩中不快な通りに変わってしまいました。6週間，私たちは，絶え間ない騒ぎと煙と開園を待つ子供たちのうるささとを耐えなければなりませんでした。——うんざりしている住民」
2. 「拝啓——向い側に住む幸運な住民のひとりとして申し上げますが，私の考えでは，冒険遊び場は路上での死を防ぎ，子供たちを遊びに専念させ，いたずらをなくすために，今日までになされたもののうちで最も成功した努力です。——満足している住民」
3. 「拝啓——これは起こり得るもののなかで最も愚劣なことである……。私は議会は不快なものをとり除くよう努力してくれるものだという考えをもっていましたが，ウエスト・マーシュに起きたことはあらゆることのなかで最悪の事態です。——G.J.」
4. 「拝啓——長年当地に住んでいる者ですが，私たちの意見では，そこは腰の丈まで伸びた雑草やへいを越えて伸びる木の枝がいつもめざわりな場所でした……。——感謝している2人の母親」

多くの意見から，遊び場が不快なものであるのは確かだった。正面をうまくさえぎ

ればその解決策になるだろうが，その段階では委員会はそう述べる以上のことはできなかった。すぐに対処できる批判もあったが，実験のあいだじゅう問題として残っていて，遊び場がその足場を固めるのに費やしたその後の数年間のあいだにも解決されない批判もあった。後のタイプの批判は開園を待つ子供たちのうるささについてのものだった。実験期間中の公式の時間は10時から8時までで，昼食とお茶のために1時間の休み時間があった。けれども，子供たちは午前8時から集まり始めることも多く，10時が近づくとその人数はふえていった。彼らは舗道に腰をおろし，道路にあふれ出し，向いの家の窓台にもたれた。昼食のときに家に帰らない子供も多く，帰っても10分後には戻ってきて門のそばにいるのが普通だった。お茶の時間も同様だった。リーダーの助手がいれば，大人の食事時間や週末のような制約で遊び場を中断しないで，もっと長時間開けておくことができただろう。

火を燃やすこと

批判はみんなに受け入れてもらえるような方法で，できるだけ処理された。たとえば火は，まわりに煉瓦や土手を置いて適当に保護し，バケツ一杯の水をすぐに使えるようにそばに準備しておくという条件で最初から許可された。それは柵の近くで焚いてはいけなかったし，閉園の30分前に消さなければならなかった。けれども，このような予防策だけでは不十分なことがわかった。われらの批評家たちとの直接交渉のあとで，洗濯物が近くの物干づなに干してあるのが見えたり，風が住宅の方へ吹いているときには火を燃やさないことに私たちの意見がまとまった。

　火それ自体は小屋での発展と似たパターンを持っていた。その人気は，またたく間にひろがった。最初は面白半分に火を燃やしていたが，やがて焼いもに利用された。そして，1週間ほど後にときどき起きた最終の段階では，子供たちがたまごやソーセージや豆をフライにしたり，お茶やココアをいれているのがみられた。

　6週間中ずっと，1日の大部分が，土掘りや建設作業や料理のような基本的な活動に費やされたことは疑いのないことのようである。けれどもなかに，別のパターンがあった。それは，後年になってよりいっそう私の注意をひいたものである。

　「8月19日，金曜日，子供たちが楽しむ二次的な活動について，この日記では十分な注意を払っていなかったように思う。小屋が建てられ，火が子供のしたいことに使われたあとの1日の終り近くになると，もっと自由でエネルギッシュで，もっと競争の要素が強いタイプの活動へと必ず進んでいった。いくつかの競争や車輪ころがしや平均運動や力だめしなどが普通にみられた。そして，ときどき，偶然に周辺にある素材からゲームが工夫された。古い板に大きな釘を打ちつけて利用する鉄輪投げ遊びがあったが，こわれた三輪車からとった小さなゴムタイヤは理想的な投げ輪だった。これは，2，3日の間に『柱輪投げ』に発展した。それは直径10インチ（約25センチメートル）の鉄輪を使って，すこし離して地面にさした柱に向かって投げる遊びである。」

学校の始業

9月に子供たちは学校に戻った。そのために遊び場の開かれている時間は変更された。5歳以下の子供は午前10時から12時まで，学童は午後4時半から夕方までだった。

攻撃性

問題になるほどの処罰はほとんどなかった。遊び場は，地方の新制中学や工業学校とかの15,6歳の少年も少しまじったあらゆる年齢層の学童に，よく利用されていた。攻撃性は現実に2つの違ったやり方で表現されるように思われる。ひとつは明らかに反社会的なものであり，もうひとつは多少議論の余地のあるものである。弱いものいじめや小屋の破壊などにみられる前者はたまにしかなく，確実に阻止された。けれども，寄付された2台の古い車に集中して向けられた後者の攻撃性は，子供たちみんながしばらくの間，ほとんどずうっとそれに没頭し，多くの子供たちが心ゆくまで楽しんだものだった。それはまさに最初の日に始まった。そのときに私は次のように書いた。「まもなく，モーリス8が引っぱりこまれ，すぐにうるさい人間蟻の群の中に埋められてしまった。その日は後で，別のもっと大きな車が届いた。それらが，多勢の子供たちを大喜びさせたのは疑いないことである。信じられないほどの人数の子供たちが中に入りこみ，車の構造部や機械装置を蟻のように系統的に，彼らのやり方で『食いあらし』始めた。」

遊び場での活動に対する私自身の心構えは，子供の個人またはグループでの努力はみんなから尊重されなければならないということである。小屋やボートやほら穴やたき火や劇場などはすべてつくった人の個人的な所有物であり，個人的責任のもとにあり，つくった者以外の手ではこわすことができなかった。同じように，年うえの子供の手で作られたものでも，砂場やよちよち歩きの子供のデンは幼児に使われるように特にとっておかれた。車はどちらの範ちゅうにも入らないようであった。それは，あらゆる年齢層の子供にとって，中心にある磁石のように作用した。けれども，それはだれかの努力の成果ではなかった。それがよちよち歩きの子供「専用」のものだったりだれでも使える遊び場の所有物とみなすこともできたが，これは基本的に従来の遊び場の装置とあまりにも密接につながる考え方であるように思われた。この遊び場は，子供が物をつくるだけでなく実験をしたり物を解体したりできる作業場であることを意図してつくられたものである。ここでは破壊は建設に必要な序曲だった。これが全く本当のことだと私が知ったのはずっと後のことである。私は，はじめのうちは「破壊や騒音」が隣接した通りで見えたり聞こえたりしやすいもので，たいへんな議論を引き起こすものだと思ったにすぎない。3週間ほど後に，通りすがりの人が見ることができたのは，叩きつぶされてタイヤのなくなっている2台の車体であり，それはだれからも完全に無視されていた。通行人にはみえなくなった布張りの座席やタイヤはデンの家具に利用され，また車体の部品はデンの壁や窓枠をつくるのに利用された。そして，子供たちの分捕ったそれ自体貴重な機械装置の部品に対して，いろんな子供たちの本当の興味を示す声も通行人には聞こえなかった。またユースリーダーの未熟な答えもよく聞こえなかったこともつけ加えておきたい。ユースリーダーのなかには，いろんな解答を身につける訓練を受けた者もいたし，訓練を受けていない者もいたが熱心で好奇心の強い子供が活動する作業場に必要な実際的なタイプの者はほとんどいなかった。

そうすることで満足が得られるというだけの理由で，車は，時々，ハンマーでひどく叩かれた。おそらく，ただそうしたいからするだけなのだろう。結局，私たちはある組織を準備しようとしてきたのである。その中では，子供がある興味に従って，オ

能を発達させ，過去においてはしばしば当局との衝突のもとになったが，それ自体では反社会的でないエネルギーを解放する機会のあるような組織をである。子供たちは古い車をこわすことを卒業したら，もっと大きな，もっとよいものをもこわすようになるだろうとグリムズビー・イブニング・テレグラフへの投書はいっているが，私はそうは思わない。もしある子供が，このような見たところ否定的なやり方でなにかを攻撃したい欲望や邪悪さを心に持っているのに，子供が自分の気持のままに何かをやる機会を全く与えないというのは，私たち自身が特に積極的でないか現実的でないからだと思う。私たちがこのような特有の行動パターンを受け入れず，それに対処する準備をしないでいて，子供たちが公的なあるいは私的な所有物に自分たちの行動の機会を見出しつづける場合には非難されるのは私たち自身なのである。

1日のパターン

9月10日の一般的なパターンについて述べる中で私はつぎのように書いた。「図式化できるほど規則的な遊びのパターンを書きとめることは興味深い。午前中は，遊び場にいる子供の人数に関係なく，いつも静かである。デンでの作業は，想像力を働かせた形跡がほとんどなく，ゆっくりと進行する。同様に火は焚かれるが，ほとんど利用されない。けれども午後は，みんなのなかでも一番おなかのすいている連中がジャガイモを焼いたり，ポテトチップを揚げたり，彼らがお茶と呼んでいる何物かをつくったりする火で，急に活気づく。小屋づくり作業もさらに活気をおびてくる。より大きな，そして，より高いものが計画される。と同時に，木片をねらう臨時ギャングの襲撃がいつもおこるが，素材が十分にないことで言い争いになることはほとんどなかった。午後4時から5時までは，多くの子供がお茶のみや子供のテレビ番組を見に家に帰る時間であるが，そのあいだあたりは静かになる。夕方はいつもきまって熱狂的である。文字どおり熱狂的なのである。建設作業は大体放棄されてしまい，子供たちのエネルギーは自分たちでつくった競争ゲームやいく分危険な要素を含んだ活動へ向けられる。1日中他のものに費やすエネルギーの合計よりも，その30分間に費やされるエネルギーが大きいのである。

小屋

冬季の活動がはじめられたのは，小屋が開かれた1957年1月上旬のことだった。完全に2つに分離されていながら重複した働きをするその小屋を私は理想的であると思った。第1に，安全性とか小道具や装置の管理とかいう制約はあるが，小屋は遊び場の延長であり，子供たちが大人におしつけられずに，彼らの伝統的なゲームや活動を自由に展開できるセンターになるだろう。遊び場での場合と同様に，私の役目は子供たちの要求する素材や機会の準備もする監督という仕事だった。当時，私はスペースと人数による制約をはっきりとは認識していなかった。どんな遊びのパターンが予想されるか詳しく述べることもできなかった。顧みると，過去2年の夏の間に遊び場で体験したいつもの夕方のパターンのことを完全に見落していたと思う。まもなくスチームをなくそうという要求が再びはっきりしたものになり，後に，委員会での論点となった。ロラードストリートでの私の初期の体験は短時間のもので，私自身のとは違ったある枠組に固定されたものであった。それはこの種の自由に対する要求があることを

はっきりさせたが，その可能性についての本当の証拠を与えてはくれなかった。小屋の2番目の役目に関する限り，遊び場での主な遊びがコミュニティのパターンや機能，つまり，家や警察署や病院や店やトロール船などといったものを模倣するものならば，屋内活動も同じようなものに基づいているように思われる。確かに，自分たちのアイデアを論じているとき，子供たちは「本物」を求めていた。そして，さらに議論を続けながら，売店や仕事台やミシンを指定した。このような計画を成功させるには，臨時の大人の監督が必要なことがわかった。そしてほんとうに，親たちがやってきては気軽にその役割を果たしてくれたらと望んだ。当番表をつくったり，一連の活動プログラムを押し付けようとは思わなかった。それはこの遊び場が設けられた主旨である自由な遊びの原理に完全に反するものだったからである。また，臨時の援助が欲しいと地方教育委員会に交渉しようとは思わなかった。そうすれば，ほぼ必然的に，もっと形式的なやりかたによるものになってしまうし，小屋に入っていたい子供たちが，形式的であってもそうでなくても，なにか活動をやらないときには締め出されるかもしれないと思ったからである。もっとはっきり言うと，私の望んだのは次のようなことである。子供たちが，望むときにはいつでも遊べる自由があること。それに加えて，自ら先に立つというよりは子供たちにたのまれればそうする気持のある親や他の人たちが積極的な関心をよせていることである。

小屋の掃除

小屋は自分たちのものであり，好きなように使えることが子供たちにはっきりとわかっていた。また，小屋の中で作業したり遊んだりするのと同様に自分たちで小屋を整頓できることを示しさえすれば，この自由が手にはいることもはっきりしていた。はき掃除と整頓は毎晩のしめくくりの仕事のひとつになった。これは，ときには非常に多くの子供たちが参加する主要な活動になった。子供たちは窓や黒板や食器棚を洗うのに専念し，ときに私が反対の方をみていると，コーヒー沸しで雑巾を沸とうさせたりした。その後の数年間に，ごくたまには1日の終りの掃除をいやがることがあった。そんなときには小屋は普通使っていい時間も空にされ錠がかけられた。そして私はただ，「まずきちんと掃除されるまでは決して小屋で遊んではいけない」ことを知らせた。このような処置で失敗したことはない。次の日，進んでほうきを取る子供たちが必ず出てきた。もちろん，同じような態度が遊び場自体でも奨励された。整頓は活動ではないけれども，いつも変わらない姿を尊重するよう勧めるためには必要であった。

売店

人気番付の第1位は疑いなく売店だった。これは，性別や年齢を問わずすべての子供にうけた。売店の普段の利用は絶対に必要なものだけに制限された。10歳以上の子供で商品のそれぞれの値段を知っていて，おつりを間違えないで返せると認められた子供ならだれでも店員になれた。年うえの子供が実際に担当して監督してくれるならば，10歳以下の子供も手伝ったり勤めたりできた。しかし3人以上が一度にカウンターの中に入ってはいけないことになっていた。このようなやり方はもっともなこととして子供たちに受け入れられた。そして，上手に経営され，1年間の総売上高約80ポンド

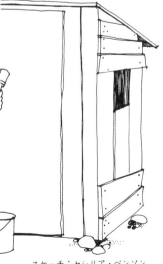

スケッチ：セシリア・ベンソン

で10ポンドの純益を得るほどになった。返品できるものの破損やときどきある おつりの間違いや清涼飲料水をコップにつぎすぎることなどがよくある損害であった。その「普通の」損害がたまに少なくなることがあった。それは，いろんな活動で私たちが外に出てしまっていて，小屋がときどき全く監督されないでいる夏の数カ月間にだけみられることだった。

売店はずうっとその最初のときの名前で呼ばれていたが，ホットドリンクやソーセージロールやサンドイッチを供給する役目はすぐに終わり，ジュースや清涼飲料水や砂糖菓子やチョコレートやポテトチップスやビスケットなどを売る店に代わった。けれども，基本的な違いはなかった。初めの要求は単純に食物に対するものであった。そして，それらは家から持ってこられるもので適えられた。あとになって，親たちがこのようなやり方で売店を補助するのに飽きたときに，子供たちは売店を維持しようと自分たちで努力をし，自分のおこづかいでお茶やミルクや砂糖などを購入したりした。砂糖菓子や炭酸水の需要とともに次の段階が到来した。そこで，私は街の卸売業者に商品の見本をおくってくれるように交渉した。商品の選択も子供たちにまかされた。子供たちはいくつかのグループで順番に見本を検討し，一定の注文をした。その後も，子供たちはもっといろんな種類の商品を視察しに問屋に出かけた。そして，彼らの運搬車である古い乳母車に，注文していた6〜10グロスの砂糖菓子を入れて遊び場に戻るのだった。

商品売買の仕事とは別に，売店は楽しいおしゃべりの場だった。社交の場としては，小屋の裏側のすばらしい温室に匹敵するほどうまくいっていた。仕事と遊びを分割する線を引くことについてはいろいろな意見がある。もし，遊びが自発的な活動であり，大人に指揮されずに行なう，それ自体で完結したものとするならば，この売店は名ばかりのものにすぎない。けれども，私たちがそれを教育の場として，つまり人生への準備の場としてとらえるなら，売店は実世間の現実そのものである，と言ってよいだろう。

その他の活動

その他の活動は，それほど問題にならなかったように思う。少なくとも冬季には，小屋の本体のなかでいつも最も人気のある活動は老人を手伝う企画に集中していた。私ははじめから，遊び場でみられる活動を遊び場周辺のコミュニティへと発展させることを意図していた。もし，子供たちが幼児のグループのためにデンやボートをつくってやろうと考え実行できるのなら，機会があれば子供たちは他の人たちの要求にも注意を向けることができると思った。私は朝早く炉火をおこす仕事や買物や独り暮しの老人との接触のようなことを考えていた。この企画は理論的には認められたが，町の福祉課の許可が得られず，諦めなければならなかった。それに対して私の同意が求められたときは，子供たちが老人の家で監督なしで活動することによる危険をいろいろ考え，確かな情報に照らしてみて，同意しないわけにはいかなかった。けれども，老人を手伝う考えについては以前から子供たちの間で話し合われていたので，後の不認可という決定も，方法や手段についての話し合いをさらに深める結果になっただけだった。売店の利潤で雑貨品を購入することからヒヨコを飼うといったことまで沢山の提案が出された。実際的でないという理由で，これもまた断念しなければならなかっ

た。売店の純益は1週間にたったの4シリング程度だったし，遊び場には監督がひとりいるだけで，その監督がいない間は閉じなければならない状況では，家畜類の飼育をもとにしたどんな活動も成功しないだろうと思われた。

10月から11月上旬までの，遊び場での主な関心事はガイ・フォークス*の夜のたき火だった。たいていのデンはその材料を準備する場になった。また，沢山の木の枝や柴を手に入れた。ここに私たちの課題に対する答えがあるように思われた。私たちは老齢年金者のために丸太をみつけて，それを無料で配ることができた。これは遊び場自体でもおおいに実施することができる活動であり，老人と週に一度の最も手近な交流を持つ活動であった。率直にいって，この提案が子供たちから出されたものか私の出したものなのかおぼえていない。はっきりしているのは，それは初めの頃の私たちの話し合いから出てきて，すぐに受け入れられたということである。私は，注釈なしで最初にただ次のように記した——「老人のために丸太をひく仕事はほとんど中断されずに続いた。」 次の週（1957年の1月14日）には——「丸太ひきのボランティアが足りないことは決してなかった。」 1カ月後には，これは主要な活動として定着した。確実にたいへんな労力の要るこの仕事に対して，大部分の少年と数人の少女が示した熱意に私は驚きつづけた。競争とか組織化とかいった要素が必要と思われたことはこれまでなかった。実際的な活動を求めていた子供たちは，デン建設のときと同じように，ノコギリひきに夢中になった。素材も同じくらい手に入った。そして，私たちの要求に適う道具（この場合には24インチ——約60センチメートル——の弓ノコギリ）も十分にあった。ここでも私の役目はいろいろなグループがそれぞれ他のグループの活動を邪魔しないようにすることだけだった。小屋という制限されたスペースの中では遊び場でよりもはるかにコントロールしにくい状況だったからである。

ひとつの例外を除いては，この活動についてなんら問題はなかった。その人気は明らかだった。それは，ありあまったエネルギーのはけ口になった。小屋に適切な監督がいさえすれば，ノコギリによる危険はほとんどなかった。この作業は子供たちに老人の要求をいくつか教えたという点で評価できた。この活動のために，子供たちと遊び場は近隣コミュニティから絶対的な賞賛を受けた。いつもそうだが，例外は素材についてだった。素材が十分ならもっと多くのことができるのに，と私は毎年書いた。実際，私たちの要求に適うほどの木の枝が支給されたことは一度もなかった。そして，交換買入れ用の物品として，まもなく私たちは鉄道の枕木やトロール船の舷側に頼るようになった。

その魅力はあまり一貫してはいないけれども，コンサートはときどきたいへん人気があった。人気がでてくると自由に発展し，簡単に識別できるパターンになった。男女共通の仕事であるコンサートは全く自発的に始められ，舞台や幕や脚本や音楽もなしで演じられた。コンサートそのものは，どんなときにも，どんな子供たちにとっても，一般的なパターンになりだした。ときには全員が参加することもあった。またときには，他の活動が並行して行なわれたりもした。どちらの場合でも，スペースがいつも問題になった。

---

* Guy Fawkes（1570〜1606） 1605年11月5日英国の議院を爆破して，国王James一世と議員たちを殺そうとし，事前に発覚して処刑された火薬事件の首謀者。11月5日にガイ・フォークスのグロテスクな像を焼く行事が行なわれる。

縫い物，刺繍，絵画など

多くのユースリーダーだけでなく，私の妻が積極的に支持してくれたのが幸運だった。そのおかげで私は独創的なアイデアをある程度まで追求できたのだった。その後の12カ月間の彼女の努力はことに貴重だった。その努力のおかげで，人気のある夕べとはどんなものなのかをおおざっぱにだけれども，私たちが観察することができたからである。活動の枠がしだいに広がり，縫い物や刺繍や絵画や人形づくりやラフィア*細工などの活動が取り入れられた。年齢の違いや性別による区別はなかった。子供たちに名前を記入させる計画はなかった。子供たちは自分の興味がある間だけしか参加しなくてよかった。絶対に他の子供の活動を邪魔しないという条件で，いつでも同じように，自由に小屋を利用することができた。このような週単位の活動が最初に行なわれたのは1957年の2月末のことだった。そのときに，5歳から9歳までの子供が大部分と年うえの少女2,3人が縫い物に一生けんめいになった。各週の成果はすぐに，年うえの少女たちが手を加えて発展させた。だからその活動自体は，子供の興味がそれを要求するときにはいつでもとても簡単にとりかかれるものになった。

大人が課したり，定例化したりしたプログラムにしばられない創造的なエネルギーのはけ口と指導性を養う機会を設けることが私たちのねらいだった。週単位の工芸グループは学校やクラブでそのための場を持ってはいるが，遊びという子供個人の枠のなかで同じような機会を設けてほしいという要望である。だから，このような企画を考えるときには，それを基礎にしなければならない。子供個人の定期的参加や作品の完成という点で考えるべきではない。作品が完成してもしなくても，1回の参加，1日の試みが子供の目を通してそれ自体で完全なものとして考えられなければならない。このことを無視すれば遊びのすべての基礎を無視することになる。冒険遊び場は，いつでも，どんな子供たちにも，このような自由な姿勢を準備するために特に工夫されていた。そして，それらの基になっている原理は，子供が室内で遊びたいか戸外で遊びたいか，土を掘りたいか絵を描きたいか，デンをつくりたいか財布をつくりたいかなどといったどんな場合にも適応されなければならない。遊び場の小屋へプログラムを導入するのは今流にいえば「文化の鉄器」とでも表現される厳格さを導入することである。

* マダガスカル島産ラフィアヤシの葉から採る丈夫な繊維。物をくくったり，バスケットや帽子を作るのに用いる。

スケッチ：セシリア・ベンソン

ノッティング・ヒル冒険遊び場，ロンドン

ノッティング・ヒル冒険遊び場については，私が最近書いた『遊び場のデザイン (Environmental Planning for Children's Play)』の中で詳しく述べたが，非常に重要なものなのでこの本でも省略できないように思う。ノッティング・ヒルの思想とその雰囲気は1枚の平面図と2，3枚の写真が十分に伝えてくれるだろう。ノッティング・ヒルについてもっと知りたい人は，上記の本かアレン卿夫人の『都市の遊び場 (Planning for Play)』を読んでほしいと思う。

　この冒険遊び場には何かしら快活な雰囲気がある。貧弱で汚れた近隣住区のパッとしない街路を通ってそこに入ったとたんにそう感じる。もちろん，その活気は楽しそうな子供たちから発散されているのだが，彼らがロンドン地区の他の冒険遊び場にいるときよりもノッティング・ヒルの汚なさの中にいる方が楽しそうなのはなぜだろうか。私にはその答えがわからないのでこの疑問はそのままにしておこう。あるまとまった場所のまわりに高いコンクリートの壁があるということが非常に重要な要因だというのが私の意見である。戸外の囲われた土地の重要性は見すごされがちであり，そんな場所の特質についてはあまり考えられたことがない。ノッティング・ヒルの場合には，その配置がほとんど理想的なように思われる。

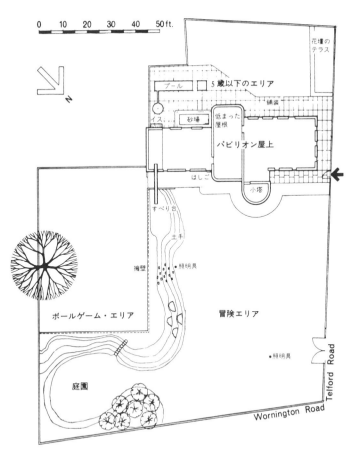

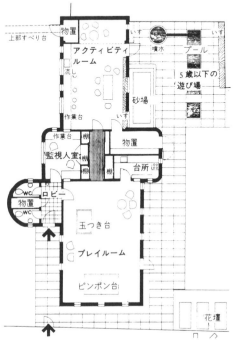

エンゼル・タウン冒険遊び場についてのレポート

フランシス・マクレナン〔遊び場監視員〕

発端

1968年の7月に，コミュニティ育成の企画として冒険遊び場を設立しようという提案がランベスの地域社会関係協議会のプロジェクト・グループに出された。この提案の背後には，冒険遊び場が子供たちに新しい遊びの施設を提供するだけでなく，地域のコミュニティを参加させるいろんな方法を示すとともに，実際に協同作業や地域住民を参加させる有益な媒体であるという考えがあった。

この考えは認められ，用地選定やその開発計画にあたって地方自治体の住宅計画課の援助が求められた。用地はブリクストンのエンゼル・タウン地区に見つかり，住宅委員会は最低2年間，それ以後は同地区の別の用地を提供する約束でそのグループに用地を貸すことに同意した。

地域の人々数人が話しあって，準備会が地域の牧師館で開かれた。プロジェクト・グループのメンバーは財政上の支援を得るために地方や国のさまざまな慈善団体やロンドン教育委員会と交渉した。1969年の12月までに用地費と常勤リーダーの1年分の給料にあてるだけの費用が調達された。

1969年の2月に遊び場のリーダーが任命され，地域社会関係協議会のプロジェクト・グループから選ばれた推進委員会にここに計画を敢行する仕事が与えられた。6カ月後にこのグループは解散され，主に地域の住民が参加する運営委員会が結成されることになっていた。そのメンバーの最初の仕事のひとつは進んで仕事を手伝ってくれる人々を見つけ，その人たちの参加をうながすことだった。その後3カ月間，メンバーは遊び場が開かれているあいだに子供たちが利用する素材を十分に支給する仕事や，両親，学校，青少年奉仕会，保護観察員，警察，地方当局の児童福祉課の職員と接触することに時間を費やした。

エンゼル・タウン冒険遊び場協会が作られ，地域の35家族がメンバーになり，会費として年にそれぞれ25ポンド払うことになった。これは親たちを参加させその興味を持続させるひとつの方法であるように思われた。

遊び場は1969年の4月30日に開かれ，2, 3週間内にいつも100人以上の子供がやってくるようになった。

遊び場の施設と活動

オーバートン街の遊び場は三角形で，約1½エーカー（約0.6ヘクタール）の広さがある。協会は9×4.5メートルの小さな木造プレイハットを建てた。なかには事務所，2つの便所，洗面所，流し台がある。最初の問題は物置が足りないことだった。近所の父親がやってきて，差掛小屋の物置を作ってくれた。この物置は道具や素材の収納に使われた。2つの食器棚にそって料理用電気ストーブが備えられ，大勢の子供が小屋でパン焼きや料理を楽しんでいる。その他の屋内活動に水彩画，デッサン，模型造り，縫い物，チェッカー，チェス，投げ矢などがある。ラジオやレコードプレーヤーもあ

り，絶えず利用されている。

　残念ながら，屋内施設は参加する子供の数の割に小さすぎて，子供がやりたがる活動すべてをうまく組織することはとてもできない。

　屋外の敷地は広くとってあり，倒れそうなデンや塔やクライミングネットやブランコやキャットウォークがあちこちにある。フットボールやクリケットのできる小さな芝生がある。そして三角形の先端は飼育場になっていて，2匹のヤギ，アヒル，ヒヨコ，チャボ，ウサギ，モルモットがいる。ときどき，たくさんのハトやスズメなどもこれに加わる。路上で傷ついて見つけられたものである。飼育場の隣りは小さな庭園である。

　子供たちに必要な道具は準備されているが，体験から貸し出しは交換を原則とすべきことがわかった。つまり，子供が金づちがほしければ，自分のメリヤスセーターやネクタイや腕時計とひきかえに道具を手にいれ，それを返却したときに自分の持ち物を返してもらうやり方である。こうして，貴重な備品が紛失することはほとんどなかった。

職員配置

遊び場には常勤の監視員と助手がいた。2人とも男子職員だった。ロンドンとミドルセックスの遊び場協会では，遊び場へ常勤の女子訓練生を1年間配属してくれた。けれども，この訓練生は唯ひとりの女子職員なので，遊び場での毎日の仕事に全く追われがちになる。だから，はじめに訓練のスケジュールで計画されていたように，他の同じようなところを自由に動き回って体験を積むことができないだろう。そのために，ロンドン教育委員会に常勤の女子の助手ひとり分のサラリーに当てる補助金を申請し，現在認可されている。青少年奉仕会では協会に常勤奉仕員を使うことを認め，10月から仕事に就いた。現在の職員配置は5,60人の子供にたったひとりという割合であり，これは理想とはほど遠いものである。

　各職員の第1の仕事は子供たちのあらゆる活動に助言し，子供たちが大人との関係を形成するのを手伝うことである。職員は子供たちの友人であり助言者であって，権威主義の指導員ではない。

利用者と会員

白人のティーンエージャーはすぐに遊び場を利用し始めたが，黒人のティーンエージャーがやってくるようになったのはだいぶあとになってからである。約1年後にはじめて黒人のティーンエージャーが定期的に参加するようになった。

　黒人のティーンエージャーが初めの何カ月か参加していないので，これからも全然参加しないのではないかと思った人々もいたが，それは間違いだとわかった。黒人の若者は概して差別の起きそうな状況を避けようとして，それにかかわる個人個人の態度がわかるまでは新しいセンターに参加したがらないのだと思う。このような状況は，後で述べるが，遊び場で開催されたユースクラブにも同じようにあてはまる。1969年4月から1970年の9月までの総参加者延数は約75,000人である。1970年の夏休み期間だけで5,750人だった。

スケッチ：セシリア・ベンソン

ユースクラブ

1969年7月に遊び場にやってくるティーンエージャーの数が急激に増えた。そして，職員は自分たちが勤務時間中はほとんどティーンエージャーと一緒に行動し，彼らが年少の子供の活動の邪魔をしないようにしているのに気づいた。

職員は，ティーンエージャーの支持を得るために，遊び場の開園時間中に年少の子供の世話ができるように職員を解放するという条件で，ティーンエージャーにユースクラブとして1週間に1回夕方に小屋を使ってよいという提案をした。しかし，もし条件にそえなければ，クラブは閉鎖するというものであった。

ティーンエージャーはこの提案を受け入れ，ユースクラブの曜日を決めた。その夕べに，遊び場が午後8時に閉園になると，彼らはレコードの会や投げ矢とかトランプなどのゲームをしに小屋に集まった。ユースクラブはすぐにすごい人気となり，1週間に2回開かれるようになった。これはティーンエージャーが遊び場開園時間中に協力的でなかったというような異常な場合にだけ閉じられた。

1969年の12月までに非常に多くの会員がクラブに加入し夕方週3回も開かれることになったが，残念ながらこれは失敗だった。クラブは1970年の5月に一時閉鎖された。理由はただ人数の問題だった。小さな小屋に130人以上のティーンエージャーがおしよせた。会員数は220人になり，ひと晩平均の参加者は約100人になった。ロックボロー住宅地にはティーンエージャーのためのユースサービス施設がなかったので，彼らはここの小さな木造小屋に群がった。

そこに青年を何人か配属させる問題は地区の青年委員会に任された。最初の段階として，委員会は青年の常勤職員を置くことに同意した。この職員の仕事は遊び場にきているティーンエージャーと行動をともにし，いろんな活動の準備をすることだった。

ティーンエージャーたちは基金調達や遊び場での建設作業を手伝った。そして敷地での破壊行為はなかった。青年職員は裁判の開廷のような難しい事態のときに彼らを援助したり，悪いことをみつけ調停したり，問題解決に手を貸すいろいろな機関とティーンエージャーが接触するのを援助することにたずさわった。

就学前児童のプレイグループ

1970年の3月に、5歳以下の子供のための就学前プレイグループが始められた。これは月曜から金曜まで毎日9時から正午まで開かれた。大体15人ぐらいの幼児が参加した。地域のある母親がプレイグループのリーダーとして雇われた。この母親はモーリィ大学のプレイグループ職員養成課程に出席している。子供たちの母親はプレイグループに参加してくれるようすすめられ、当番制で手伝いにくる。このグループは自分たちで基金調達の活動も引き受けてうまくいっている。

母親クラブ

プレイグループの母親たちと話し合ってみると、多くの母親が会合の場を持たず、たいてい午後はひとりで家にいることがわかった。母親のグループ会合が始められた。今は、火曜日の午後、遊び場で定期的に開かれている。お母さんたちはやってきて、幼児が遊んでいる間、お茶を飲み、親しくおしゃべりをして楽しんだ。

また、母親の健康法教室が始められた。これは、月曜日の夕方の2時間の会合であり、約20名の会員がいる。お母さんたちは教師の素質が十分にある。

このグループは職員が基金調達や子供のためのさまざまの活動を組織するのに大いに役立った。最も成功した活動は最近行なわれた海辺への遠足で、遊び場から100人以上もの両親と子供たちが参加した。

老人クラブ

コミュニティ全体に便宜をはかるために、職員は木曜日の午後に遊び場の小屋で、恩給受領者の小さなクラブを始めた。20人から25人の老人が集まり、お茶を飲み、おしゃべりをし、トランプやビンゴゲームをしたりする。お母さんたちが何人か手伝いにくることもあった。結局は、老人クラブを子供たちに手伝わせたり、老人が病気のときや天気の悪いときに代わりに買物をしたり、洗濯をしたり、家事をしたりするというようなコミュニティへの奉仕活動計画を始めることが望まれている。

ロンドン冒険遊び場協会

ロンドン冒険遊び場協会（LAPA）は，1962年に冒険遊び場の教育的社会的福祉的な価値の理解を促進すると同時に，新しい冒険遊び場の創立を援助するために設けられたものである。協会会員は，ボランタリー組織によって運営されているロンドンの各冒険遊び場から2名ずつの代表と，実行力や助言能力の点で協会に協力してほしいその他の会員とで構成されている。

　LAPAについて多くのことが語られた。けれども，この地域の協会に対して世界の注目を集めたのは，協会が収集し安く利用させてくれるインフォメーションシートのためである。このシートは長年の体験に基づいており，疑いなくイギリスや他の国で冒険遊び場の創立を考える人にとって非常に貴重なものである。

冒険遊び場とはどんなものだろうか。　次のLAPAの解答はイギリスでの概念を巧みに述べている。

「冒険遊び場とは，現代の混雑した都市社会で，冒険遊び場以外ではしにくい多くのことを自由にやれる場所であると言うのが最適であろう。その広さは⅓エーカー（0.13ヘクタール）から2½エーカー（1ヘクタール）のものまでいろいろある。冒険遊び場で子供たちは廃材を使って家やデンやクライミング装置を作ったり，たき火や戸外で料理をしたり，穴掘りや庭作りをしたり，ただ土や砂や水や粘土で遊んだりできる。そこには，思いのままに自由に遊べる雰囲気があり，子供たちにはたいへんな魅力である。このような雰囲気がなければ子供たちの生命力は場と機会の不足によって非常に限定されてしまうのである。

　各冒険遊び場には常勤のリーダーが2人いて，友人として子供たちがやろうとしていることを援助する任務を持っている。どの冒険遊び場にも大きな小屋がひとつあり，そこには絵画や衣装をつけて演劇することや模型作りなどの室内の遊びのための素材が十分に備えられている。また，この小屋にはレコードプレーヤーやピンポンの道具などがあるので，悪天候のときや冬に，以前には街路で遊ぶしかなかった多くの子供たちの社交センターになっている。

　どんな年齢層の子供でも歓迎されるが，冒険遊び場は，はじめは，5歳から15歳までの子供のために設計されたものである。青少年奉仕会がこの年齢層の子供のためのものを設けることはほとんどないのである。また，すべてのロンドンの冒険遊び場には，学期間で年うえの子供が学校に行っている午前と午後の間に，5歳以下の子供のための監督者のいるプレイグループがある。このように，遊び場は午前9時から午後8時まで利用される。ティーンエージャーのクラブがもっと遅くまで利用することもある。1年中を通じて土曜日と学校の休日には1日中開かれている。」

　LAPAに加入している冒険遊び場はすべてボランタリー組織によって運営され，独自の委員会を持っている。新しい組織がどんどん形成され，委員会がつぎつぎに設立されている。ロンドンの大部分の地区で遊びの施設に対する要請が強いからである。このような委員会は，普通，子供の遊び場にたずさわった経験を持っていないので，LAPAからの助言はたいへん貴重なものにちがいない。たとえば，次のような「警告」は多くの失敗を防いでくれる。失敗は良い動機を損ってしまうのである。

冒険遊び場を創立しようとするとき，次のことを考えてみましたか。

1. 5年以上の借地契約で，少なくとも⅓エーカー（0.13ヘクタール）の用地が必要であること。
2. プレイハットを作り，そこに便所，暖房装置，料理の設備，その他いろんな備品を備えられるだけの資金を調達しなければならないこと。
3. 用地をきちんと囲う費用（約2,000ポンドぐらい）も調達しなければならないこと。
4. 年額で10万ポンドにもなる身体傷害を含む総合保険の保険金を準備すること。
5. 最低2人の常時勤務のリーダーの1年分の給料にあてられる資金を調達するか，基金の契約を得なければならないこと。そうすることで遊び場を成功させ，ロンドン教育委員会やその他の団体から補助金を得られるからである。リーダーの保険，たとえば年金受領の権利などのためにお金をかけなければならない。

けれども，冒険遊び場を成功させるのはなによりも良いリーダーがいるかどうかにかかっている。LAPAインフォメーションシートの号外によれば，リーダーの任務は次のようなものである。

1. 開園時間中遊び場を運営すること。

これは，子供や親たちと良い友好的な関係を維持することやけんかとか事故などのトラブルを予想し予防することを含んでいる。そのためには，子供たち個人個人をよく知り，一貫した行動によって子供たちの好意と尊敬を得ることが必要である。全くなんでも許す態度で遊び場を運営することは不可能だからである。多分「試行」期間があるだろう。その間に，リーダーは一定の原則を決め，それが

守られるように注意しなければならない。はじめにそうしないと，リーダーは好かれるかもしれないが尊敬されないだろう。そして，子供たちがリーダーの言う通りにすることが重要なときにその協力を得られないだろう。子供の独創力を誘発するために，2，3の活動を準備しておくと有効なこともわかった。

遊び場に建設遊びの素材を補給すること。

委員会はその機会を見つけてくれるが，リーダーは素材の供給者と直接交渉しそれを維持し，必要な場合には輸送の手配をし，適切な素材を選び，遊び場でのすべての建設遊びの安全を調べなければならない。それは建設が行なわれているときだけでなく，建設物がある間中ずっと必要である。それから，保健と清潔さの適当な基準が守られなければならない。それは明らかな健康上の理由のためにだけでなく，子供たちへの良い例となるためである。

正確な基礎記録をつけること。

（Ⅰ）　小口現金の支出。

（Ⅱ）　備えられている遊びの素材と注文中の素材。

（Ⅲ）　ボランタリーワーカーやパートタイムのお手伝いの名前，住所，出身地，得意な技能，連絡法，可能な時間帯などについての控え。

（Ⅳ）　遊び場への訪問者の名前と住所。ことに経営と資金調達にかかわりのある人の名前と住所。

（Ⅴ）　遊び場でのすべての事故，日時と，とられた処置も。

（Ⅵ）　1日の入園者数。

冒険遊び場を柵で囲った方がよいかどうかは，各国でおおいに議論されているテーマである。長い体験をもつLAPAは，非常にしっかりした頑丈な柵を支持していることは興味深い。LAPAでは柵と門専用のインフォメーションシートを作っている。

囲い

冒険遊び場が閉じられているときに，そこに人々をはいらせないための，しかも気に入られる囲いを創るのは実際には不可能である。それでも，人々にはいるのを思いとどまらせるやり方を探求すべきである。壊すことに熱心な破壊者によって，多くの損害をこうむる可能性があるからである。トラック運転手や他の人々が敷地にごみを捨てるのを防ぎ，遊び場のやむを得ない乱雑さを通行人の目からかくすためにも，囲いが必要である。さらにもっと大切な囲いの必要な理由は，たいていの子供は快適な囲われているという感じのする自分たちだけの世界で遊ぶのが好きなことである。情緒不安定児の場合はことにそうである。

囲いをする費用は高く，このような臨時の企画にとってはときには最も高価なものになる。だから遊び場の委員会は，上のような囲いの必要な理由をあげて，管轄の地方議会に対して，企画のはじめに用地に囲いをしてくれるよう説得すればよいだろう。金網による柵は視覚をさえぎる壁にはならないけれども，臨時の用地には最も適切である。

ノッティング・ヒルのような永久的な遊び場では，高さ8フィート（2.4メートル）の横ばめのコンクリート板に，4フィート（1.2メートル）の高さに金網と内側に傾いた2本の有刺鉄線をのせた柵がほぼ理想的であることがわかった。それは物理的視覚的心理的な壁の役割をしている。横ばめのコンクリート板は美観をそこねることはないし，子供たちが落書するのに良い。子供たちを中に誘い，通行人が中を見ることができるように，囲いには沢山のぞき穴をつけるべきである。ノッティング・ヒルの長さ550フィート（165メートル）の囲いの費用は1964年に1,900ポンドであった。

門

永久的な遊び場の門は木よりは金属で，がっしりとしたものを，外からよじ登れないように造るべきである。自動車と歩行者の入口が別になっていることはたいへん望ましいことである。自動車用の入口は10フィート（3メートル）以上の幅の両開き戸で，頑丈で完全な錠やかんぬきや金具がついていなければならない。舗道の向う側に重量車が侵入するための縁石が必要である。これは，柵が作られる前に，地方自治体と協力して準備すべきである。両開き戸は冒険遊び場の「荒地」地帯への入口となり，入口近くに車の駐車場が必要である。門の位置はその地域の交通状態や近隣の迷惑の可能性についても考慮して決めるべきである。

また，歩行者用の入口も子供たちの出入りによる騒音の可能性を考えて決めるべきである。歩行者の門は近隣の住宅からできるだけ離れたところに配置すべきである。錠やその他の金具は頑丈で完全であり，幼児のとどかない高さ，つまり地上5フィート（1.5メートル）の高さにとりつけるべきである。歩行者用の門が公共の歩道に面している場合には，安全のための安全柵が道路側に必要である。遊び場の委員会が申請すれば，地方自治体は道路安全対策の一環として，それを設けてくれることになっている。

就学前児童の冒険遊び場

スーザン・ハーベイ

> 遊びは子供の生活であり，自分の生きている世界を理解する媒体である。
>
> スーザン・アイザックス博士

　就学前の子供は機会さえあれば朝早くから，夜眠るまで遊ぶものである。この時期の子供たちは，人生の中で最も成長が早く，多くのことを学んでいる。この早期の身体的，知的，情緒的，社会的な体験が子供や大人の健康と幸福に重大な役割を果たしているということは一般に認められている。

　かつての自然の遊び場が建物や街路や自動車道路や駐車場に変わってしまった巨大な型通りの工業地や市街地で成長する子供は以前よりも多くなっている。建築家も都市計画家も社会福祉員も教師も親たちも，幼児の健康な身体とせんさく好きな精神を満足させる遊び場の確保にもっと注意をはらうべきである。

　児童救済基金はそのプレイグループ委員会の方針に沿って，幼児のプレイグループを設け，むずかしい居住条件のもとにすごしている子供たちの幸福に役立っている組織の中のひとつである。そのプレイグループは，午前中と放課後に20人ほどの子供を遊ばせるといった小さい親密なもので，保母など，適当な訓練を受けた職員の監督のもとに，保育学校の熟練した教師や親たちの自発的な援助を受けている。

　児童救済基金のプレイグループは，コミュニティセンターや教会ホールやプレイルームとしてつくられた場所などさまざまなところで組織されていた。児童救済基金は年うえの子供が学校にいる間，冒険遊び場で就学前児童のプレイグループをつくる機会が与えられた。冒険遊び場で2歳半から5歳までの子供と作業する体験が10年間も積まれた。自然のままの地域なので，子供たちは伝統的な遊び場ではみられないような創造的で建設的な遊びをするのが最初からはっきりしていた。

遊び場はどのように利用されているか

　冒険遊び場の就学前児童担当のある教師は，職員が準備した安全で感じのいい枠組のなかで，自分の気にいった場所やバラバラな素材を使って，子供たちが自分の情緒的問題を解決していく方法を見て感銘を受けた。この子供たちは粗石と土で彼らの空想を表現し，職員が現に気づいている困難をいくつか解決し始めた。大人がそれについて熱心に話し合っている間に，子供たちは自分の生活でのできごとを「演じつくし」両方ともそうするのがよいと思うのである。子供の生命力に合った十分な施設もない小さくて過密なアパートに押し込められていて，遊び場が天国の一角であることを期待している子供たちもいた。彼らは，走り回りながら文字通り場所を発見しては，よじ登ったり，土を掘ったり，ブランコをしたり，水遊びをしたり，泥パイを作ったり，砂で物を作ったりして，遊び場の持っている可能性を完全に利用した。

　親たちは子供がこのような体験をすることができたことを評価し，子供が遊びそのものや，他の子供とか親たちとのつきあいや，職員と同じ体験をすることによってどんなによかったことだろうかと言っている。また，親たちは子供にとって家で一緒にすごすほうが楽だとも言っている。親が期待する高い行動水準や清潔さのために逆の

影響をうけている子供たちも何人かいる。この子供たちは幼い頃に，清潔にし，整頓し，へまをしないで食事をすることが教えられ，身づくろいのしつけがなされた。こんな扱いに対する数人の反逆者は自分にできるだけのきたない遊びに熱中する。「冒険」遊び場ほどこれに相応しい場はない。ひとりの4歳の少女はボール一杯の水とスポンジとタオルで遊びの活動を始め，彼女が拾い上げる品物ひとつひとつをきれいにする許可を求めながら，自分が手をくだせるもの全部を洗ってまわった。彼女が砂場で他の子供たちと一緒に自然に遊べるようになるまで数カ月かかった。しかし，彼女はきちんとした家庭やきれいに磨かれた保育学校でよりも，遊び場で汚れ遊びをする方が気楽である。おそらく学童が作ったクライミング装置は，多くの幼児の自然な敏捷さに対する私たちの目を開いてくれる。幼児はしばしば地上20フィート（約6メートル）の高さまで登りたい欲求や，自信を増す成就感のある「キャットウォーク」をそろそろ歩いたりしたい欲求を持ち，その能力も持っている。エリック・エリクソン教授は次のように書いている。「よじ登ることは私たちの身体の知覚に使われていない次元を加える。この遊びではスペースを超えるすばらしい開放感を味わうことができる。」

　このような挑戦的な活動を幼児にさせてくれる遊び場や保育学校が他にはほとんどない。担当の大人が安全であると判断した範囲のことを思いきって子供にやらせている場合には事故の恐れはほとんどないのである。

　たいていの冒険遊び場には動物，たとえば，ウサギやハトやモルモットやヤギなどを飼育する施設がある。都会の子供が家庭でペットを飼えるのはめずらしいが，遊び

場では責任をもって動物の世話をすることが奨励されている。それは喜びを増し，生物についての理解を深めさせる。誕生と死のライフサイクルを都会の子供はほとんど見ることがない。遊び場では畑つくりも盛んである。小区画がひとりひとりに分けられることもあり，少し広い土地でグループが協同作業することもある。花や野菜を育て，水をやったり土を掘ることは楽しみのひとつである。

あるとき，遊び場でちょっとした調査が行なわれた。それは，子供ひとりひとりが午前中どんなことに熱中しているか，子供たちが集団で遊びにくる頻度，最も人気のある活動，いろいろなものに示される興味の持続時間，ひとりの子供が取りあげる活動の数などを知るための調査だった。遊び場は4つの部分に分けられ，それぞれの部分で10分ごとに写真が撮られた。砂と水を使った遊びが最も人気があり，次は未加工の素材を使った遊びやクライミング装置での遊びであることがわかった。煉瓦や，石や，丸木や，さまざまな入れ物をいっぱい使った実験がたくさん行なわれた。伝統的な玩具はたいてい最も人気がなかった。そして，普通は人気のある絵画も，ここではたまにしか行なわれなかった。

冒険遊び場の特色

冒険遊び場を最初に見回したときには，たしかに荒っぽくて危険なように見えるだろう。敷地によって，大きさや地形はさまざまである。職員はガラスの破片やさびた金属や針金を除こうと努力しているが，釘を取り除くことはほとんど不可能だろう。釘は遊び場中にいつも散らばっている。木材の多くはカンナがかかっていない不ぞろい

なものであるが，これは危なくないことがわかった。素材が安全に積み重ねられていて，建物ががっしりして頑丈であることを確かめておく必要がある。静的な装置はほとんどない。冒険遊び場の価値とその本当の魅力は想像的遊びの終りのないパターンにある。学童は鉄道の枕木でボートを作り，荷造り箱で小屋を作り，地面を掘ってデン（小屋）を作り，幼児は学童の作ったものすべてを使って遊ぶ。このように絶えず「背景」が変化することは，満足感や忙しい活動や生き生きした雰囲気を作ることにおおいに役立っているのである。子供たちには自分たちの発達や成長と歩調の合わせられる環境が必要である。子供たちの遊び場の使い方は子供たちが大きくなり，熟練してくるにつれて変わってくる。学童は幼児のためにこのような遊びを誘発する背景を準備してくれる。

　大きな砂場はぜひ必要である。できれば，5歳以下の子供のために，絶対に安全な水遊び用の設備や小さな滝がほしい。たいていの場合，屋外の遊び場はあらゆる年齢の子供に利用されているが，幼児の遊び場を棚で囲っているところもある。これは，週末や学校の休日に，全学童がどっとおしよせるときのために必要である。幼児は年うえの子供の邪魔になり，学童たちが荒い遊びをしているときには危険だからである。

プレイルーム

理想的には，寒い日や雨天の日や，外ではやりにくい活動のために，就学前児童専用のプレイルームがあればよい。できれば，それは，遊び場全体が窓から見え，プレイリーダーがどこで助けを必要としているかを見わたせる位置にあるべきである。プレイルームには自分専用のテーブルと椅子，貯蔵や備品のための戸棚や棚がある。それから，専用の床のスペースがあり，これは床で遊ぶことの多い幼児にとって大切である。自分がみたい本を選び自由に取れる低い本棚がある。自分で描いた絵が壁にかけられ，彼らの手工芸品が棚に飾られ，自然のままのテーブルには植物や貝がらや小石などの陳列品がならべられる。備品として，保育学校やプレイグループにあるような作りの良いおもちゃが選ばれている（57頁参照）。

　更衣室があり，そこには，高さの低い便所と洗面器，コートや上っ張りをかけるための低い掛くぎがついている。それから，簡単な料理設備と電話のある小さな職員室がある。

　幼児専用の部屋を設けることが不可能だった冒険遊び場もあるが，幼児のためにそんなところでは大きな物置が絶対に必要である。そこでは職員が協力しあって，あらゆる年齢層の子供が同じ場所を使っている。

プレイリーダー

就学前児童が遊び場にひとりでやってくるか，年うえの子供と一緒に来るかにかかわりなく，幼児と一緒に遊ぶ資格や経験のある職員を持つことが大切である。どの遊びの企画でもそうだが，活動の質は職員が子供たちを思いやりを持って理解するかどうかにかかっている。子供たちの世界に対する洞察力が増せば，それだけ彼らの活動が価値あるものになるのである。おそらく，言葉で表現できないたいへん小さい子供は最も理解し難くて，最も援助が必要である。

　冒険遊び場という環境は柔軟性に富み，常に新しい思想を実行しているので，プレ

　イリーダーが仕事をするには面白い場所だと思う。ここで子供たちの体験や知識を伸ばすのを助けることは、型にはまった環境のなかでよりもはるかに容易である。大人は遊び場で子供たちが活動している様子をみて回り、必要なときには助言をするが、決して指図したりはしない。そして適切な道具や装置を準備し、子供たちが探検すべき新しい世界を開拓するのにそれらをどんな風に役立てるかを示すのである。大人はいつも子供たちが自分の力で考えだすのを援助している。

　幼児を見守り、その発達を知るのは魅力的なことであり、研究する価値がある。母親から離すことはいつも問題になる。ある幼児たちにとって、それは身を切られるような体験である。家族から、少しずつ段々と乳離れさせるべきである。この年齢層の子供たちは世界の中心は自分だと考えており、他人の要求を認めることができない。

そして一緒に使ったり、順番に使うことを学ぶのは、強制されてはいけないゆっくりした難しい過程の中でである。幼児が一緒に遊べるようになるまで、長い間、ひとりひとりがばらばらになって遊んでいる時期がある。幼児はものを論理的には考えず、できごとを大人とまったく違ったふうに、それぞれの成長段階に応じて解釈する。彼らは時の意味を狭くとらえている。つまり、過去と未来はとるに足らず、現在は緊急の要求に満ちているのである。このことは、両親や代りをつとめる人にとって幼児の世話をひどく骨はおれるがやりがいのある仕事にしている。最良の条件で家族を育てることは難しい。悪い環境では子供も両親も苦しむ。毎日数時間、幼児と離れている時間があれば、たいていの親たちはくつろぐことができて、子供たちに対して思いやりが深くなれるのである。これは幼児教育がとり組むべきことのひとつである。

現代の複雑な社会において、子供たちの世話をすることについては多くの方法が必要である。人為的な必要から生活はますます規制されてきているので、子供らが挑戦したり夢を育くんだりできる解放区を都市の中心にもち込むために、冒険遊び場は、ますます重要な任務を持つようになるだろう。

備品のための助言

「家庭コーナー」
屋内または屋外に次のものを備えるように。
テーブル、イス、炊事用具、料理用ナベや器具、お茶のセット（すべて破損しないもの）。
アイロンとアイロン台、チリ取りとブラシ。
切口を滑らかにした空罐、箱、小石、ドングリ、トチの実、干しソラ豆、さまざまの入れ物と袋。
ジャガイモと人参（使うならば）。
刃の鈍いナイフなど。
オモチャの電話。
人形、オモチャのクマ、指人形。
ゆりかご、乳母車。
人形の衣服やベッドカバー。

「正装用の衣類」
郵便集配人や警官の帽子、スカート、上着、医師や看護婦の衣服や備品、靴と長靴。
たくさんの布きれ、帽子、ハンドバッグ、バスケットなど。

「組立て遊びのオモチャ」
積み木、小さな車、起重機、オモチャの農具、動物、パズル（単純なものも、複雑なものも）。
ペグ・ボード、レゴ、絵あわせトランプなど。
磁石、スクリュー・トイなど。

「本」
丈夫な製本の絵本。
単純な物語の本。

「絵画と手芸」
絵具、こぼれない絵具壺、太い絵筆。
紙——さまざまの大きさや形や材質のもの。
先の丸いハサミ、貼り絵用の素材、布きれ、切り抜き用の雑誌。
太いクレヨン、鉛筆、鉛筆削り、ニカワ、物を作るための「ガラクタ」素材、箱やボール箱。
粘土や陶土とのし棒、刃の鈍いナイフ。いろんな壺、平ナベやカッター。

「水遊び」
流しや屋内や屋外で遊ぶためのポリテン製ボール。
こわれない湯のみ、水差し、じょうご、管、ビンなど。
ホース（屋外に）。

「防水エプロン」
上っ張り、予備のジーパンと必要なら床に敷くポリテン製カバー、テーブルなど。

「屋外の備品」
バケツ、スコップ、ふるいなど、砂場用に。
（天気の悪い日には、砂をボールに入れて屋内で遊べる。）
道具——作りの良い園芸用具——クマ手、クワ、スキ、金ヅチ、ノコギリ。
クギ、ネジ、ネジ回しなど（これらを使うときは普通監督が必要である）。
大きな箱、木枠、樽、厚板——いろんな長さと幅の。
なわばしご、はしご、木の階段、古タイヤ、ボール、ベンチ、テーブル、よじ登るための網、丸太や木の幹、滑車、水槽や小滝。
押したり引いたりする車輪のオモチャ、二輪手押車、手押一輪車、人形の乳母車、三輪車、ペダルカー。

身障児の冒険遊び場，チェルシー，ロンドン

身障児のためのこの最初の冒険遊び場は，1970年の2月に，ロンドンＳＷ3のオールド・チャーチ通り56番地に開かれた。その目標は，知能や身体や情緒の障害を負った子供が喜びを得られると同時に，感覚器官を働かす訓練ができるよう特別に設計され，設備がほどこされた遊び場を設けることだった。ここでいう身障児とは，視覚，聴覚，知覚の障害，いろんな程度の知的障害，情緒や行動の不調，自閉症やいろいろな身体障害をも含んでいる。

　選ばれた敷地は，古い樹木と芝生のある大きな個人庭園の一部だった。そこは完全に隔離され，安全なように囲われた単純で魅力的な環境だった。

　小川が作られた。それは橋の下の泉から流れ出し，2つ続きの池に流れこみ，地下に戻って再びポンプでくみあげられるようになっていた。

　遊び場で最も大きいものは2つの木造建造物だった。ひとつは子供たちが飛びおりられるように，下にフォームラバーをつめ込んだ飛びおり台であり，もうひとつは高さ8フィート（2.4メートル）の見晴し塔だった。

　いろいろな種類の素材が，他の冒険遊び場と同様，重要な役割を果たしている。たとえば，建物や大工仕事のための未加工の材木，絵を描くための紙，たき火用の新聞紙，よじ登るためのロープや梯子，デンや家をつくるためのカーテンやその他の調達品，古い料理なべ，フライパン，野外料理用の瀬戸物や刃物類，古いタイプライター，銭入れ，ピアノなどの楽器類，最後にもうひとつ大切なのは正装用の古着で，これはいつも人気があった。

　平屋建の建物はヒマラヤ杉材でできていて，明るく風通しがよく広々としている。

　遊び場には常勤の2人のプレイリーダーと1人の事務員がいて，そのうえに良いボランタリーの援助や家族の援助がある。

子供たちが飛びおりられるようにフォームラバーを底に敷きつめたジャンピング・フレーム ▶

リーダーによる遊び場についての意見
ドロシー・ホイッタカー〔州公認看護師〕

チェルシーの身障児冒険遊び場を訪れる人は，これは他の冒険遊び場とどう違うのかとよく質問する。最初の18カ月の間に，ごく小さなスケールでではあったが，他の冒険遊び場で起きることが大部分ここでも起きたので，装置や機会などの観点でその質問に答えるのは難しい。おそらく，この冒険遊び場の大きな便宜のひとつは，子供の人数が最初は一時に30人以下に制限されていて，すべての活動が比較的小さなスケールで展開でき，子供たちひとりひとりの違いや要求を熟知する時間がある点であろう。ときには自信のない臆病な子供たちがいても，ここのかなり自由な環境に順応する時間があり，環境の挑戦的な特質に圧倒されてしまうようなことはなかった。ここの設備はたいてい，砂や流れる水などのように大変柔軟で，本質的に単純なものである。そして，この来る者をこばまない開放的で閉じられた空間のなかで，子供は確信と自信と「心の底」からの冒険心を養うことができる。この遊び場の成功は，基本的に，私たちがたのしくて，だれでも歓迎される，そして，ひどく熱狂的な雰囲気を作るのに成功

屋内での物語り

フレームの頂上にはいろんな方法で登れるが、
そのひとつは梯子である。　▶

しているからである。やりだしたことを完成させられるだけの十分な素材があり、必要なときには援助やアドバイスしてくれる理解ある先輩がいるので、子供は自信をもって新しい、ときには大変難しいことに挑戦することができる。

　この遊び場にはいろんなグループの身障児がやってくるが、みんながここでやれる遊びの可能性をよくわかるようになってくると、それぞれの要求するものや喜ぶものはほとんど相違がないことがわかる。以下、いくつかのちがったグループを紹介しながら、ある種の「自由な」遊びが身障児の発達にいかに大切であるかを示したいと思う。

　遊び場を訪れる身障児の大部分は、障害の程度が異なるいろんな学校から来た子供たちである。重い脊髄破裂症でほとんど身体を動かせない子供から、動くことはできるがてんかんとか血友病にかかっている子供までいる。自信の欠如や経験不足による未熟さは、このような子供たちが最初に遊び場に来たときにはっきりとわかった。彼らはいつも頼れる大人がそばにいなければ安心できなかった。しかし今では、大体は大人に頼らないで、助言や実際に助力がいるときだけ私たちに頼むようになっている。この例は、けいれん性麻痺にかかっていて、2本の杖の助けをかりて歩く8歳のG君である。彼は知力はあり、好奇心も強いが、動くときには必ず補助の手が必要だった。ある日、彼はもっと動ける2人の少年と同じように、池にわたした板を歩こうと決心した。不安定に後から彼を支えて、私は渡るのを手伝った。彼はたいへん心をわくわくさせた。そして、池の最も深いところを渡るときに、自分を支えられるように杖の一番上を持って助力なしで渡る方法を考え出した。これがG君の転換期だった。それ以来、彼にはのり越えられないことはないのである。最近では、遊び場の13フィート（3.9メートル）の見晴し塔に登ったり、滑車の上に自分の杖を引きあげたりもするようになった。

　8歳のB君は重症の虚弱児で、1年以上も前にホリデークラブを訪問したときは、まったく関心を示さなかった。また、彼は自分の頭脳コントロールが大変困難で、他の子供たちとのコミュニケーションはほとんどなかった。幸運にも、他の子供たちは遊び場にうまく適応できたので、B君の足を砂に埋めたり、池のボートに乗せたり、塔を登らせ一緒にすべり台で降りたりして、ほとんどいやおうなしに注視させ、精神集中させてB君を刺激する時間がとれた。こうしたことがすべて、楽しい自由な遊びの雰囲気の中で起こったのである。夏の休暇の終りまでに、B君は遊び場で自分のしたいことを言おうと努め、非常に観察が鋭くなった。そればかりでなく、他の子供たちに挨拶をし、みんなにも挨拶されるようになったのである。これは、私たちのもうひとつの主要な目標、つまり、子供たちを社会的にし、もっとお互いが認めあうようにするという目標を強調している。病院で長い間ひとりで気を使ったり、過保護な両親や、「特別」な教育のおかげで、子供たちはかなり利己的で横暴になりやすいのである。

　遊び場を訪れる最も社会的なグループのひとつに耳の不自由な子供たちがある。彼らが最も想像的で建設的な遊びをするというのは全く不思議なことである。彼らのゲームの多くはどの子供も独自の役割を持つグループゲームである。ことに、少年たちは大人の指図をうけないで、頑丈な手押車のひとつに大きな園芸用具を積み込み、庭のかくれた奥深いところに入り込み、やぶを切り開いたり、穴掘りしたり、土を投げたりして遊ぶ。ただし、バラ園を荒らしに入り込んだようなときに、庭園の持主が怒ったりしなければだが。事実、庭園の持主は子供たちに向かって大声で言ったことを

きかないようなときにしか怒らないようである。

　明らかに，そうした子供たちの話し方は遊び場に来るようになってからだいぶ改善された。彼らの共有する体験は興味や喜びをことばで表わしたいと思うほど胸躍るものであった。あるクラスでは，木曜日が遊び場に行く日なので，週の曜日の名を言うことも学んだ。

　遊び場で最も知覚力のあるグループのひとつが弱視の子供たちである。この子供たちは，すべてのものを徹底的に調べることで，視覚による認識の欠陥を補おうとしているように思われる。彼らは遊び場の構造のどんなに新しい変化も見付け出し，どんな新しい装置の可能性をも感じとることができる。彼らが，遊び場に来る子供たちのなかで最も活動的なグループであることは確かである。K君は弱視クラスからの子供であり，庭の片隅のよどんだ修景用の池の冒険に最初に私たちを案内してくれた子供である。ある日，彼は濡れてくさい緑のどろどろしたものをかぶって現われて，「草」におちたと言った。事実，彼は水草の茂みを草と見間違え，その上を歩こうとしたのだった。

　集中力の欠如は遊び場にやってくる他の大半のグループの子供たちの問題である。そのグループは教育上，知的障害児に分類される。子供がいそがしく無目的に動くことをやめ，新しい可能性のある建設的なできごとを見聞し体験できるような関係がゆっくりと確立されている。このような子供たちは，しだいに遊び場の環境のなかに落ち着き，楽しみながら何かを学び始めている。彼らが最初に遊び場にやってきたときには圧倒されてしまい，遊び場から学校の雰囲気に移ることなどできないように思われた。教育上の分類の知的障害児である8歳のP君が「氷」とは何であるかを発見したときのように，遊び場で得られる単純な体験から最も恩恵をうけたのは，おそらく，このグループである。教師が彼のクラスメートの何人かに，なぜ池の上に氷ができるのか，そして，大きな河の上の氷はいかに危険であるかを教えていた。そのとき，いつものように話を聞いていなかったP君が池の向う側に現われ，氷の上を走って池の真中まできたときに，氷が派手に割れて「講義」を実証することになった。この事件は彼をひどくびっくりさせたが，怪我はなかった。氷がこわれることは，実際に見て体験することで，本当に体得されたのである。

　遊び場の教育的価値は第一義的なものではない。しかしたいていはひどく熱心に協力してくれ励ましてくれる巡回学校の先生による批評をいくつか記すのは，興味深いことである。彼らの観察によれば，遊び場には大変多様で柔軟性に富んだものがあるので，子供たちが寛大になるゆとりがあるという。学校の30分の遊び時間中に頻発するけんかや口論は，ここでは1時間以上たってもほとんど起きない。また，遊び場を訪れる結果，子供の語彙がいくぶん増している。そして，遊び場の坂道で乗物を使って遊ぶときの体験で，「早く」とか「遅く」とかの言葉の意味を本当に把握するようになる。このような単純な体験も家庭や学校の環境では非常に限られているのである。

　多くの健常な子供と同じように，多くの身障児は，水や動物や泥などに対する恐れのようなちょっとした忌避事項を持っている。けれども，このような子供たちはかなり過保護なので，これらの忌避事項を大げさに考えている傾向がある。これについて遊び場がお手伝いできる方法が，耳の不自由で軽い自閉症の6歳のJさんによってわかった。彼女は，体操のとき，靴を脱ぐのまでいやがるほど衣類を脱ぐのを恐れる子

遊び場で最も知覚力のあるグループのひとつは，弱視の子供たちである。▶

遊び場での大部分の子供たちの反応がたいへん正常なので，身障児のための遊び場を設計するにあたって彼らの障害が本当に決定的要因なのかどうかは疑問である。▶

供だった。けれども，遊び場で，しだいにこの忌避事項がとり除かれていった。ある日，彼女が砂場で遊んでいるとき，気持が悪かったので靴を脱いだ。他の日，彼女は靴とソックスを脱いで池で水遊びをした。そして，夏までに，彼女の友達が裸で水浴びしに行くのに大喜びでついていくなど，このような「変化」を含むどんなものにも，おだてられたり，おどされたりせずに入って行けるようになっていた。今では彼女は校医の診察のために「裸になる」のを大騒ぎしないでやれるようになった。

　未熟さのために，遊び場での子供たちは，しばしば，最も単純であるが非常に冒険に富んだ活動から最も大きな喜びを得るのである。10歳のMさんは，遊び場の小さいが家庭的な台所で料理する順番を何週間も楽しみにしていた。それなのに，彼女に割り当てられた時間中，調理皿を洗うときに出るのを発見した流しの泡で遊んでしまった。これは，明らかに，彼女が泡とは実際にどんなものなのかを実感できる時間と機会がこれまで家庭ではなかったことを示すものである。1時間以上も，彼女は流しで楽しそうに遊んだ。

身体を衣類でおおっていると自由に行動できる子供。　▶

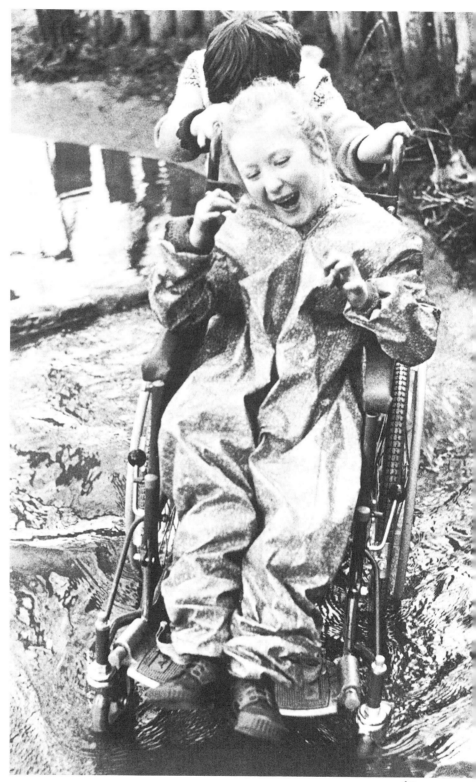

何かをなしとげることは身障児にとってこの上ない励ましである。

遊び場で起こる最大の問題のひとつは，より重症の身障児が大人を頼らないで動き回り，自分の要求と好みをもっと正確に示せるように刺激することである。移動できるときに驚くほど喜ぶこのような子供たちのための適切な乗物を見出すために，多くの研究が必要である。たとえば，重症の虚弱児の10歳のJ君は，新しい牽引タイプのゴーカートにまさにぴったりしていることを私たちは発見した。そして，1年以内で初めて遊び場の敷地全部をひとりで探検できるようになった。

　ここの冒険に満ちた雰囲気に対するたいていの子供の反応は非常に正常なので，身障児のためのどんな種類の遊び場を設計するときにも，彼らの障害は決定的な要素ではないと確信している。健常な子供はすべてにおいて独立してやろうとするが，身障児はハンドレールや大きな便所の施設やよく考えられた歩行補助や，普通の冒険遊び場でよりもできるだけ多くの大人の監視などのいくつかの関連した補助をできるだけ受けて，単純だがダイナミックな施設のなかで過すべきである。

　私と私の助手にとって体験を通して自ら学ぶことが多いのはたしかである。私たちは，日頃，遊び場の不足や限界を感じているが，それと同時に，多くの子供たちによってなされる努力に比べて，私たちはいかに粗末な受けとめ方をしているかを感じるのである。子供たちの示す熱意や喜びは，われわれの冒険精神をいきいきとさせ盛んにする。またそれは，イギリス中の身障児や，できれば世界中の身障児のために，同じような遊びの施設がもっとたくさん絶対必要であるということをはっきりさせてくれるのである。

スイス義援金

アルフレッド・レダーマン博士はプロ・ジュベンチュートと呼ばれるスイスの子供と若者のための協会の事務局長で，アレン・オブ・ハートウッド卿夫人と同様，エンドラップの初期の訪問者のひとりであった。博士はその新しい思想に強く心を動かされ国に帰ってそれを試してみた。終戦直後に起きたドイツの子供の救援活動にたずさわっていた博士は，がらくたと建築資材のあふれた焼跡で危険ではあるが楽しそうに遊ぶ子供のことを既によく知っていた。これに比べると，これまで思いがけないようなことがほとんど起こったことのない伝統的な遊び場はひどく退屈なものにみえてきたに違いない。

　プロ・ジュベンチュートはいわゆるスイス余暇センターをつくった。そこでは，特にその初期には冒険遊び場がたいへん重要な役割をになっていて，センターの名を世界中に広めたのである。センターで冒険遊び場のもつ役割は，近年ではいくぶん小さくなってきているが，これは根本的な変化ではなくてむしろ力の入れ方の一時的な問題のように見える。冒険遊び場ではリーダーはなくてはならないものなので，他の施設とリーダーを共有することは受け入れられない。

冒険遊び場より

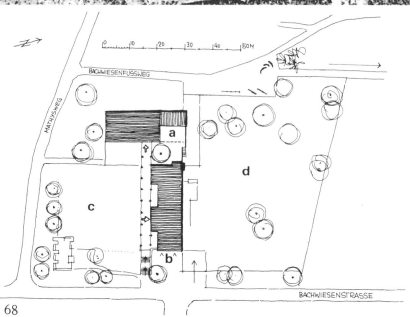

配置図　a　クラブルームと図書館
　　　　b　作業場
　　　　c　遊び場
　　　　d　「ロビンソン冒険遊び場」

遊び場からみた
テラスハウス ▶

チューリッヒのバックウィーゼン・レクリエーションセンター

建築家：リースベス・ライマン　　　竣工年：1962年
敷　　地：30,000m²　　　　　　　冒険遊び場：3,000m²

　プロ・ジュベンチュートの援助でチューリッヒの住宅団地に快適なレクリエーションセンターが7つつくられた。バックウィーゼン・レクリエーションセンターはその6番目のものである。1955年以来，この種のセンターはウィプキンゲン，ブウフエック，ラインバッハ，リースバッハ，ホエリード，オリスオーヘンにもつくられてきた。そのどれもが，その地域独特の要求や敷地の持つ特性によってそれぞれ異なっている。
　団地の公園地区と関連してレクリエーションセンターは遊び場地区と集会地区に分けられている。その間には冒険遊び場と2棟のレクリエーション用の建物がある。1棟は作業場であり，もう1棟はクラブルームと通路沿いの開架式図書館である。2つの建物は屋根の付いた渡り廊下でつながれている。2つの建物の間には小さなオープンスペースがあって，その中央に「村の菩提樹」が1本植えられている。
　舞台や桟敷を備えた大きなクラブルームには，150人用の部屋やあらゆる種類の行事に使える部屋がある。玄関はホワイエのそばにあり，ホワイエにはお茶をサービスできる設備とクロークルームとおよそ30人用のクラブルームがついている。2階の通路沿いの開架式図書館はアルツテーテン地域図書館の組織の中のペスタロッチ協会の援助を受けている。地下室は別に玄関がついていて多目的な用途の場所になっているが，現在は「シルバーナー・リング」ユースクラブが利用している。
　作業場棟の1階には，遊び場から出入できる大きな作業室が2つある。2つの部屋の間には機械室と準備室とその付室がある。他に，職員室と戸外からの出入口を持つ便所がある。階下には，地面を低くした冒険遊び場につながる多目的作業場と写真現像室と倉庫と庭師のパブがある。

▲クラブルーム　　▼あらゆる年齢の人々のためのスイスレクリエーションセンター

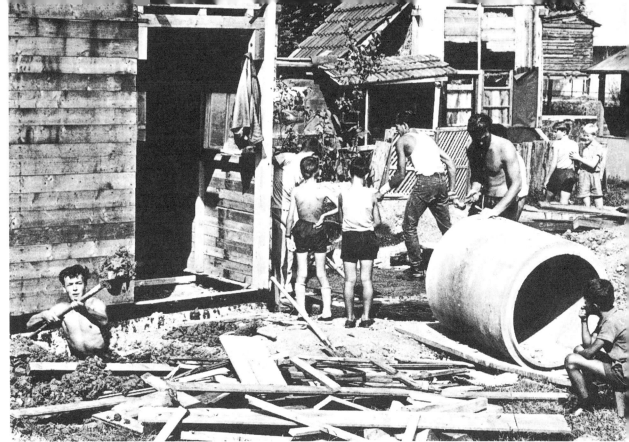

冒険遊び場より

西ドイツ

　子供のためにとくに考えられた遊び場の必要性は、ドイツでは早くから認められていた。そして1920年代と30年代に、国中にたくさんの遊び場が建設された。その大部分は造園家によって設計されたものだったが、他の多くの国々と同様に、本当に子供の心にある要求に基づいて設計された場所というよりは、美しい公園の魅力として考えられたものが多かったようである。
　ベルリンの多くの街でも同様に、1939～45年の戦争は大部分のドイツの街に大きな不幸をもたらした。けれども、イギリスとはちがって、子供の要求にふさわしい遊びの環境をもつ子供たちの権利のために根気強い仕事をしているアレン・オブ・ハートウッド卿夫人のような人がドイツにはいなかったのである。ドイツ中のたいていの新しい住宅地には遊び場が設けられ、古い遊び場は復興されたが、これらは大部分、伝統的な種類の遊び場で、デンマークに由来する新しい思想の影響をうけたものはほとんどなかった。
　知られている限りでは、最初の本当の冒険遊び場は、1967年に西ベルリンのメルキッシェ地区に設けられた。他の国々にもしばしば見られるケースであるが、この最初の「画期的」な遊び場は、その地区の論争の的になったが、やがて認められ、正しく評価されるようになった。新風が吹きはじめようとしているようである。ドイツのこの最初の冒険遊び場のリーダーであるピット・メーラーは、ドイツの全地域からこの新しい思想に対して強い興味がよせられていると語っている。1971年の3月に、西ベルリンだけで7つの新しい冒険遊び場が創設された。

▲ 2度の世界大戦や鉄のカーテンにもかかわらず、ベルリンの子供たちはカウボーイごっこやインディアンごっこをしている。

ベルリンのメルキッシェ街からの報告

西ベルリン市議会の教育センター

遊び場の周辺

1967年の4月26日に、ベルリンのメルキッシェ街の冒険遊び場が、ライニッケンドルフ区議会の青少年体育課によって創設された。これは、主に、隣接した近隣住区の新しい住宅地に住む6歳から12歳の子供のために設けられたものである。

メルキッシェ地区の建設は、2.5平方キロメートルの敷地に、1964年に開始された。ここには以前、小屋や仮設の建物に、約5,000から6,000の人が住んでいたところである。建物が全部できあがれば、60,000から70,000人のための約17,000戸の共同住宅になる。後の居住者のほとんどは、建設住宅評議員によって、住宅が割り当てられたものである。彼らは、主に社会的に恵まれない家族や子供の多い家族であった。

この冒険遊び場の誘致圏内に、通称「パロット団地」(ヴィルヘルムルーエル・ダム)と呼ばれている、すでに完成し、入居者のいる地区がある。そこには、288戸の共同住宅に1,000人が住んでいる。その内訳は次のとおり。

　　52.3％が成人
　　17.7％が5歳以下の子供
　　24.5％が5歳〜15歳の子供
　　 5.5％が15歳〜21歳の青年

　遊び場に頻繁にやってくる子供たちの80パーセントは「パロット団地」に住み，20パーセントの子供が約200メートル離れた2つの隣接した新しい住宅地から来ている。この割合は，12歳以下の子供は遊び場へ長い距離を歩かないので，遊び場は家に近いところになければならないという意見を裏づけている。

　「パロット団地」の反対側にそれと平行して，つまり，遊び場のもう一方の側に，小さな1戸建て住宅の敷地がある。家主はたいてい職人で，約30年から35年前に，自分や家族たちの力で建てた住宅である。

　そんなわけで，冒険遊び場は，2つの違った構成の住民の間にある。「パロット団地」には，主に平均年齢が25歳～30歳の社会的に恵まれない人々が住んでいる。「パロット団地」の住民は，子供たちが自分の家のすぐ前に遊び場を持っていることに満足しているので，大体のところ，冒険遊び場に対して積極的な態度をとっているが，1戸建て住宅の住民は，逆に，批判的である。遊び場とそれを利用している「パロット団地」の子供たちに向けられる怒りの言葉は，子供たちを都市に必然的な騒音の身代りにするという感情転移の心理過程を示していた。通りの騒音は我慢しなければならないが，概して交通の騒音より静かな子供たちが大人の怒りを買うのである。減らしたり，全く取り除けると思われる不利益よりも，避けられない不利益に対しては慣れやすいものである。

　主観的な気分で，冒険遊び場の騒音を誇張して考えている住民たちは，たった60デシベル以下にすぎない騒音にたいして怒っているのである。そして，それも，冒険遊び場が現在のようにきちんと囲われていなかった時期に測定されたものである。ベルリン警察本署の騒音取締課からの資料によれば，平均的な交通量の街路沿いの住人は

50〜70デシベルを，都市の主動脈となる街路沿いの住人は78〜90デシベルほどを当然のことと思わなければならないのである。

けれども，冒険遊び場についての論議には有益な面もある。こんな論議がかわされなければ，潜行し，両方の住民を眼に見えない戦争状態にするもやもやを，そこではっきりさせ，それに対処し，払いのけることができることである。1967年の6月に，遊び場を利用している子供の両親たちで，メルキッシェ・ハイデ冒険遊び場発展のための父母の会が結成された。これは，「パロット団地」の住人が遊び場を自分たちに関するものと考えている確かなしるしである。父母の会は，遊び場に，材木や紙や備品などを準備するのを援助してくれる。父母の会はまた子供のグループをも組織している。私たちがそこを訪れたときに，ある父親がはじめは少しうさん臭そうに私たちと会い，やや長い会話のあとで，次のように言ってしめくくった。「私たちは，遊び場をよそに移させるようなことはさせません。ご安心ください。私たち親はそれを自分たちの務めと考えています。」

1戸建て家屋の住人も，結局は，もっと友好的な態度に変わるだろうと予想される。とくに地方議会の役人が，遊び場への反対に対して個人的な数多くの対話で理解を深め，遊び場の背後にある教育的思想を説明しているのを見ることができるくらいなのだから。これは，「パロット団地」に住む家族の特殊な状況について話す機会をつくり，結果的に，2つの住民層を相互に理解させる方向に導いている。

冒険遊び場の開始

この冒険遊び場（約1,800平方メートル）は以前は1戸建て住宅が3軒あった敷地につくられた。1967年の4月に創立されて以来，冒険遊び場は全く変化している。遊び場を利用する子供たちが，自分たちの好みや習慣を変えたことがその主な理由である。初めの頃の主な活動は小屋の建設であった。そのために，木や灌木がはえていない3分の1の地面は，いつでも無数の小屋でいっぱいであった。小屋は，しばらくするとこわされ，「改良された」形で，すなわち，一層複雑な形で再建された。たとえば，2階建てで，基礎ぐいの土台のあるものなどのような。しばらくすると，子供たちは遊び場の可能性をより十分に利用することを学んだ。今では，遊び場の3分の1の地面はローラーでならされ，自由なスペースのいる球技のようなゲームができるように，かなり平らにされた。

この地面の中央には，建物がひとつ残されている。ここには道具や備品を収納でき，雨天のときや寒い冬の数カ月間子供たちが入っていることもできる。プレイリーダーの監督のもとに，子供たちは自分の好きなことがやれ，パンチ・アンド・ジューディ・ショウなどを開くことができる。この建物でできるグループ活動の機会は，1年中で冬の間に一番多くやってくる少女や幼児を集めている。これは次の数字によって示されている。

年間の時期	1日平均	少女の割合	少年の割合	14歳以上の青年の割合
'67年の5月〜9月	39人の子供	27%	73%	15%
10月〜'68年の2月	31人の子供	33%	67%	7%
3月〜4月	48人の子供	28%	72%	17%

スケッチ：セシリア・ベンソン

最も多数の参加者のあった日は、104人で、最も少ない日は14人だった。

　低い樹木や灌木の植えられた、もとのままの姿が残っているところで、子供たちは小屋やほら穴を作ったり、時々、じゃがいもを持ってきて、たき火で料理したりする。

　このように冒険遊び場には豊富なさまざまの可能性が準備されている。たとえば、はね回ったり、走ったり、ボールゲームをしたりするための広い地面や、趣味やその他のグループ活動のための建物や、木登り用の樹木や、ほら穴に適した地面や、小屋づくりの素材と道具などである。時間がたつにつれて、子供たちは、敷地の可能性の開発に、その積極性と想像力とをますます発揮するようになっていることは注目すべきである。

冒険遊び場の教育的な面

　イギリスの遊び場協会の定義によれば、冒険遊び場は、さまざまの活動（たとえば、小屋づくり、壁、城、木登り、堀、テントなど）に使われる素材を準備することによって、子供たちの発育を十分に促進させる遊び場である。したがって、冒険遊び場では個人活動もグループ活動もできる。

　冒険遊び場の備品には次のものが含まれるべきである。

1. 途切れることのない木材や道具やクギなどの支給
2. 絵具、紙、衣装づくりの素材、ニカワ、本、雑誌
3. ボール、箱、料理用の罐
4. 悪天候の日のための施設や監督のための事務所

　体験から、子供たちに作業や遊びの素材や場を準備するだけでは不十分なことがわかった。資格のある監督がいて、ハンマーやノコギリやクギの使い方を誤らないようにするだけではなく、子供1人1人が自分の才能をのばせるように、それとなく意見を言い、子供たちや青年の行為に影響を与える働きをすることも大切である。身体の小さい弱い子供を、大きくて強い子供たちから守らなければならない。そして、伝統的なタイプの遊び場から追い出された年うえの子供たちには十分な援助が必要である。

　遊び場のリーダーは、子供たちの間におきるあらゆる横暴さを取り締まらなければならない。学校や地域の遊び仲間のなかで——普通、大人の命令的な行為のため——アウトサイダーにされ、グループの攻撃の的になるのは、より弱い子供たちや、グループ活動でみんなと仲良くやっていけない子供たちである。このようなグループの圧力や、個人的にみられる攻撃性は、監督の手でつぼみのうちにつみ取られなければならない。イギリスでの調査によれば、監督のいる遊び場で子供たちの行なう攻撃的な行為の数は、監督のいない遊び場や母親と一緒に訪れる遊び場でよりもはるかに少ないことがわかっている。

　冒険遊び場は、明らかに、大人の美的感覚に反している。あらゆる遊び場のなかで、冒険遊び場は視覚的な魅力に最も乏しいものであることは疑いない。それは大人たちの影響から隔離されているからである。アウトサイダーたちがこんな遊び場を見れば、風変わりな監督が、青年期の創造性を発達させる手段として、子供たちに破壊行為を教えようとしているようにみえる。

　ヒルデガルト・ヘッツェル氏やリゼロッテ・ベンネル氏やリゼロッテ・ピー氏によって最近ドイツで行なわれた、戸外での子供たちの遊びについての調査で、冒険遊び

場の教育的な価値がことに明らかになった。調査員は遊びのタイプを次のように分類している。

1. 「成り行きまかせ」の遊び（猛烈な競争型の要素に欠け，力は抑制されないで発散される。）
2. 身体を動かす遊び（水たまりでぶらついたり，砂をある場所から別な場所へ運んだり，訓練自体が楽しくやれて，それをやる目的が特になくてよい単純な活動を繰り返したりする。）
3. 目的のある遊び（砂場でのトンネルづくり――うまくいくこと，ゴールに到達することが重要である。）
4. 役割を演ずる遊び（お父さんやお母さんを演ずる――子供は自分以外の何者かになって，ある役割を演じる。）
5. 個人の遊びとグループの遊び

個人で単独に行なう単純に身体を動かす遊びでよりも，目的のある遊びや役割を演ずる遊びやグループ活動では子供たちに多くの能力が必要である。だから，監督は，子供の人格の育成や発達に特に役立つ複雑な遊びの機会と動機づけがあるように準備しておこうとするのである。

子供たちは冒険遊び場の毎日の生活で知っている素材や道具を使うことができる。子供たちは，ハンマーやノコギリを使ったり，穴掘りや建物づくりやたき火をすることを学ぶ。素材をよく知ることは，けがをしないために欠かせないことである。監督は子供たちが大けがをしないよう注意して見ているが，子供たちに危険をのり越えることを教えるために，危険をおかすことが意識的に許される。冒険遊び場では危険なことを許すことによって，子供たちにそれを認識させ，危険から自分を守ることを教えるのである。

冒険遊び場の教育的な内容を評価するときの決定的な視点について考慮しておく必要がある。6歳から12歳までの子供は，大人に強いられた抑制や圧迫によって，情緒的なストレスがかかり，このようなやり方のなかで成長すると，圧力が反発力をうむという原理どおり，攻撃性を増長させることになるといわれる。田舎で成長する子供たちには，その攻撃性を害のない穏やかな形で発散させるはけ口がある。都会の子供たちにはそんな機会がほとんどない。都会の子供たちは自分の攻撃性を抑えなければならない。そして，結局は，爆発という形で表面化したり，ふきげんとか小言を言うとかいった，弱い「年中発散」の形をとったりする。

冒険遊び場はこのような状況での本質的なはけ口である。子供たちはあり余ったエネルギーをはきだし，攻撃性は昇華される。また，適当な監督のいる冒険遊び場では子供たちが抑圧されずに独立心を発達させ，自立することを学べる場がある。これは，子供たちの精神的な幸せばかりではなく，身体の健全さにも役立つのである。

リーダーの仕事

遊び場の開園中には，必ず，リーダーがいる。ペトロ・メーラー（子供たちは「ピット」と呼んでいる）はまず兵役を終えてから，ベルリン教員養成学校に学び，遊び場のリーダーになるため，そこを中退した。

メーラー氏が仕事をしている様子を観察し，子供たちとのかかわり方を見る機会は

ホースはどこの遊び場でもすばらしい宝物である。うまくせきを作れば，ベルリンの真中ででも自分たちの池を手に入れられる。▶

たくさんある。彼は，権威的なものを持たずに子供たちと接触し，結果的に尊敬を得るきわ立った才能を持っている。彼は完全に冒険遊び場の理想を実現し，子供たちに干渉しないという原理を追求している。彼は，子供たちが強制されず自分の殻から出ることを学べるよう子供たちには干渉しない。身体的な危険や子供の特性をおかす危険のあるときしか干渉しない。概して，静かな言葉で十分である。難しい状況のときでも，メーラー氏がかんしゃくを起こしたり，興奮したりはしないようである。子供たちは監督されているとは思っていない。そして，体験の領域は可能な限り広げられる。ときどき，男子学生や女子学生がメーラー氏を手伝ってくれる。彼らは協力的に働いてくれる。彼らの主な話題は問題児についてである。

遊び場にやってくる子供たちの年齢に大きな開きがある場合には，骨の折れる仕事になることもあるのだが，今では，年うえの少年たちはリーダーの助手だと自覚している。私たちが最近訪れたときには，年うえの少年たちが幼児のめんどうの見方をおぼえたのだなと感じた。

リーダーが作り出したすばらしい人間関係は両親にも伝わり，両親達はメーラー氏を信頼し，彼のところにやってきて自分たちの問題や疑問に対してアドバイスをうけるほどである。これはすでに，いくつかの実際的なコミュニティの仕事をはじめることにつながっている。彼は，新しい家族をほかの家族に仲間入りさせるのに大きな役割を果たし，新しい家族が住みやすくしている。このようなきっかけを発展させるためにリーダーがもうひとりほしいと思う。

結論

メルキッシェ街の冒険遊び場は、スカンジナビアやイギリスやスイスでの同類の遊び場と同じである。これは、主に6歳から12歳の子供のためのものであるが、年うえの子供にも使える。リーダーや監督の仕事は、専門の資格のある優れた公務員がうけもっている。

　冒険遊び場の教育的な価値は、従来のタイプの遊び場よりも高いものである。そして、子供たちにとって意義あるばかりではなく、住民の間に確立される社会的連帯という点でも注目すべきである。これは優れたコミュニティ活動の土台である。その価値を高く評価するからこそ、あえていくつかの改善すべき点を提案したいと思う。

1. 素材の貯えが不十分である。特にほら穴や小屋づくりの材料が不足している。素材を手に入れることとその輸送にかかる予算が組まれれば、これは改善されるだろう。非常に活動的な父母の会に、これに対する寄付を期待することはできない。
2. 遊び場に便所を設置することは絶対必要である。
3. 遊び場の与える機会を十分に活用するために、特にコミュニティ組織のために、2人目のリーダーの雇用を勧めたい。その新しい仲間は、私たちがその能力を大きく評価している現在のリーダーとうまく協力できることが基本的な条件である。

　地方自治体が前例の冒険遊び場の成功に力づけられて、近いうちに、もっと多くの冒険遊び場を開く方向に向かってほしいと思う。

ペトロ・ニンメルマン（社会学士）
ヘルムート・ケンドレル（心理学士）

デンマークとスウェーデン

　冒険遊び場発生の地であるデンマークでは，エンドラップに表現された新しい思想をあまり熱心に受け入れなかった。少なくともサークルでは普通，遊び場を設立したり運営したりすることがなかった。スウェーデンでの事情も大差なかった。エンドラップは関連するあらゆることに対する大きな挑戦であったから，それがひき起こす論争はたいへん熱気を帯びることがあったが，実質的な進歩は緩慢であった。

　結局，何がこうした態度を変えさせたのかについて話すのは難しいことである。けれども，イギリスからの影響はあきらかである。アレン卿夫人の仕事はスカンジナビアで大きな興味をもって検討されたのである。彼女の論文や，国際ゼミナールや会議での講義は世論に激しい衝撃を与えた。そのほかに世論に影響を与えたものとして国際遊び場協会（IPA）がある。たとえば，1967年のロンドンやリバプールでの国際遊び場協会の会議のあとで，なんとしても安全を要求する一般的な声と，遊びの要素として冒険や危険をおかすことを取り上げたスウェーデン新聞との間でたいへん激しい論争が起こったのである。デンマーク遊び場協会の活動によって，デンマーク中に活発な遊び場がつくられた。そして，それはもちろん，これまでの風潮を変えるのに大いに役立った。スウェーデン南部のヘルシングボリ市の公園課は，自治体としてスカンジナビアで最初に企画のなかに冒険遊び場をとり入れ，ほかの地方自治体もそれにならった。

　理由はともあれ，ある日——ほとんど，一夜のうちに——冒険遊び場は正しい評価をうけるようになっていた。けれども，冒険遊び場をどう運営すればよいか，どこで適切なリーダーを得られるのかを知っている人はほとんどいなかった。多くの誤りがあったし，今もそうである。はじめのうち，冒険遊び場の問題ははっきりしていないことが多いので，驚くほど簡単に始められる。遊び場建設の最初の積もり積もった願いが果たされると，全く汚なくて不快な様相を呈する時期になる。それから近隣の文句や，編集者への手紙や，遊び場に反対する新聞記事があらわれるのが常である。それは，リーダーの実際的な手腕が最も厳しく問われる時期でもある。冒険遊び場に賛成している現在の風潮を維持するために，良いリーダーを養成することが今日のスカンジナビアでは最も緊急なことである。

教育的な見地から

リチャード・アンデルセン

冒険遊び場を考え出したのはある造園家であり,ボーイスカウト運動を創始したのはある将軍であった。この2つの着想の成果は,その後,あちこちで大きな関心をよびつづけている。そしてそれは,いろいろな職業分野で働く人を育てる一種の予備校とみられてきたことも疑いないことである。他に同様な方法で,子供たちの遊びの実験を行なってきたグループもある。警察では交通安全訓練のためあやつり人形劇団を組織したり,交通遊び場を設立した。こうした新しい応用は今後もつづけられることだろう。子供たちの遊びをできるだけうまく利用する方法については,たくさんの意見が述べられてきた。けれども,遊びの本質を理解しようとした人はごくまれである。

冒険遊び場はたしかに良いアイデアである。それは,遊びそのものを他からの干渉に妥協することなしに自由に実現できる可能性を保証している。しかし,そのすぐれたアイデアも,その本質がまだ教育的に明らかにされていない。冒険遊び場がつづけられ,遊び場として発展していくためには,その可能性が教育的にも確かなものとして十分理解されなければならない。その実現は今後に期待されることであり,それまでしばらくの間は,実りの少ない試みをつづけて行くより他ないだろう。これとは別に一方では,同人評論誌の刊行をつづけるような形で冒険遊び場の運営に当っている仲間も少しはあるが,それらは行きづまりをきたし,たかだか「建設遊び場」とよばれる程度のものに落ちこんでいる。

そんなわけで,私は遊びを遊びとして純粋に維持する方法を究明する機会に直面した。しかし理論的基礎についての詳細な説明を省いて,一般的な遊び場と,特に「冒険遊び場」の運営について,よく誤解されやすい問題をとりあげ,解明の光を当てるための簡単な説明をしてみたい。

教育的自由創造遊び

専門のプレイリーダーが運営している「建設遊び場」では,教育的な「自由創造遊び」を行なおうとしている。この「自由創造遊び」は,「作業」という教育概念が重視されたある一時期にかなり支持されたものである。それまで単なる遊びとして軽視されていた子供たちの活動は,値打のあるものとして評価されるようになった。

自由創造作業はもともとは学校教育的発想の概念であり,生徒が創造作業を進めるなかで,多少限定されたものではあるが,体験に裏づけられた確かな知識を与えることをめざしたものである。このような方法では「遊び」と「仕事」の区別はかなりあいまいで,それが遊び場での教育に用いられる場合には特に誤解をまねくことが多い。それを避け,同時に自由創造遊びをよく理解するためには,「遊び」と「仕事」をはっきりと区別して考えることが大切である。

遊びの概念は,仕事の概念とは正反対のものである。というのは,この両者は本質からみて,相互に排除しあうものだからである。遊びは遊ぶ者の無条件の参加が必要であり,個人的な独創力が決定的な要素である。それに対して,いわゆる「仕事」のなかでは,独創力を日常的な平凡さにためなおすことが必要なのである。遊びは「そ

れ自体が目的」であり，遊ぶ者にとってそれ以上の絶対的な価値や意味はない。もちろん，たとえば「面白い仕事」といわれているものの中には「遊び」と「仕事」との要素の混合したものがあるが，「仕事」に転化しないままの「遊び」そのものからは，役に立つ結果を期待することはできない。子供の遊びには目的が要るというぬけ目ない主張は遊びそのものの意味をこわしてしまう。これはよくあるまちがいである。遊びがもたらす利益は，その本質から出るものであり，そういうものとして遊びを維持することで十分である。

だから，自由創造遊びの重要性はまさに仕事とは正反対のところにある。そういう点で，それは必ずしも子供っぽい形の表現をとるものときめる必要はない。大人も遊ぶのである。そして，社会の指導的立場にある人物は，よく遊ぶ人々であることが多い。

遊びは活動の美学的表現形態なので，遊びの指導をするには美学の原理に基づかなければならない。プレイリーダーには，心理学的な知識よりはむしろ，自分の仕事の中での芸術的な才能がしだいに必要になっている。

遊びについて語るときには，遊びのもつ2つの主要な形態，つまり，儀式的なものと実験的なものを区別することが重要である。儀式的な形態では興味をおこさせる対象が儀式上重要なのである。そしてその対象は原則として認識されないものである。一方実験的な形態では，興味をおこさせるものが実際に重要なものなのである。大人の遊びの世界から例をとってみよう。劇場のドラマは新しくハッとさせる要素を持っているので，実験的な遊びの形態であるといえる。けれども，教会の礼拝式には，古い確立された手順があり，何が起こるか，どのようにそれが終わるかをみんなあらかじめわかっているので，儀式的な遊びだと考えるのが普通である。けれども，関心を引き続けるために，その進行については，大部分私たちがまだ知らないのだと仮定しておこうとするのである。冒険遊び場では，遊びの実験的な形態を促進するための配慮が重視される。ところが，ナワ飛びのナワやブランコやシーソーのある伝統的な遊び場では，遊びはたいてい儀式的な形の方向を向いている。もし遊びに何か教育的な価値があるべきだとすれば，現代の急速に早くなっている発育のことを考えると，実験的な形態が特に重要である。子供の心を自由に実験できるようにしておくことは，私たちには予知できない将来のために，子供にしてやれる最良の準備のひとつであろう。

自由な実験的な遊びで成功するための最も大切な条件は，冒険遊び場が「多様性の原理」に基づいて建設されているということである。遊びそのものは秩序や形を促進するものであり，多様性のなかで発展すべきなのである。そして，遊びから発展する秩序や形は，その多様さのなかで理解されなければならない。言いかえれば，プレイリーダーは，何が魅力的で何が魅力的でないか，何が正しくて何が正しくないかについて，批評をしたり，特定の規則をつくったりすることをさし控えるべきなのである。冒険遊び場のよさは，森林のよさと同じで，その多様性にある。この原理は非常に重要なので，冒険遊び場がその機能を果たせるかどうか，また果たせない場合の原因をはっきりとさせるものさしとして用いられる。多様性は，たとえば，素材や個々の道具の用いられ方，子供や職員の年齢や性別，そして遊び場そのものの発展などという考えられるあらゆる面に現われる。冒険遊び場は固定した形に到達するようなことは絶対にあってはならない。遊び場そのものが，そのなかのあらゆるこまごましたことをもひっくるめ，絶えず自ら変化し，永遠に変容し続けるものでなければならない。

伝統的な遊び場にあるものは砂場の砂を除いてすべて，鋳型にはめられ，発展の形式が与えられている。遊具のそれぞれの可能性は，それぞれただひとつの機能に限定されている。それがあたりまえだと考えられているあらゆる伝統的な遊び場を，私たちはこうして排除することができる。伝統的な遊び場の子供の遊びは儀式的なものに限定されている。だからそこで何かして遊ぶことができる者はといえば，庭師とそこを設計した造園家だけなのだ！

失敗している遊び場の企画では，概して，活動はほら穴づくりに限定されていたといえる。また，発展は「ほら穴小屋」からつぎの段階の一戸建住宅に進むというように，ひとつの方向に向けられる傾向があった。そして遊び場にいる子供たちは，みんな次々とはやりごとの後を追う流行の奴隷だった。このような一方志向の発展を阻止するたったひとつの方法は，はじめから個性の発達を促し，それをきわ立たせ，単なる流行が無視されるようにすることである。ある企画がまるでうまくいかない場合には，ときには両親に遊び場の発展を手伝ってもらったこともある。しかしこの援助は全く伝統的な結果を生むのに役立ったにすぎない。最初から一戸建家屋を建設するというのがそれだった。これは非常に大きな問題であることがわかったので，再出発のためにすべてのものを壊すという幾分不自然なやり方をとらなければならなかったことが多い。遊び場の活動を継続させるために，リーダーが建設競技などを計画するといった間違いをおかしたこともある。不幸にも，これは，自分でものごとを成しとげることの喜びや興味を競争心に変え，受賞したものをみんなに容認される標準にするのに役立ったにすぎない。遊びという観点からみれば，これは冒険遊び場の価値を全く無駄にしているように見える。フットボールの場合にも同様な結果が得られたのだった。

冒険遊び場

「本物の」冒険遊び場を簡単に定義するのは実際難しいことである。それは，冒険遊び場が特定の限定された機能を果たすものではなくて，冒険遊び場に特有な無限の可能性を持っているからである。そして，プレイリーダーがそれをこの角度から理解することが絶対必要なことである。冒険遊び場の可能性を実体化するのはそれが何であれすべて子供の手によるべきなのである。子供たちはほら穴をつくり，動物の世話をし，とんぼ返りをし，機会が与えられればその他たくさんのことをして遊ぶことが当然予期できる。けれども，最初から子供たちに特別な活動形態を与えることはプレイリーダーの仕事ではない。「建設遊び場」についてのたくさんの定義は子供たちが専念できるもののリストであった。もし冒険遊び場の規則をつくろうとするならば，それは外側と内側の両方からアプローチされるべきであり，子供たちが活動を選ぶのにできるだけ制限を加えるべきではない。遊び場に持ち込むべきではないものをリストアップするほうが，実際手っとりばやいと思う。そんな例外は，おそらく，ダイナマイトとか，ライオンとか，月ロケットとか，見物人などぐらいしかないだろう。冒険遊び場を継続させる方法は遊びの可能性をいつも豊かに保つことである。

冒険遊び場の設計では，基本構想をねる過程が非常に重要であり，十分にリーダーの意見を入れて計画されることが望ましい。設計とは，本来，形態を与えるプロセスである。しかしここでは何か一定の形に到達することは避けるべきである。企画は，

主に，あらゆる廃材を大きなひと山にまとめることである。それは，実際，都市の企画が進められるときとほとんど同じである。プレイリーダーは，たとえば，火がどう使われるかといったことに関わらないが，火の確かな魅力を認めて，子供たちが集まってほしいと思える場所にたき火の炉を置くのである。クライミング装置の建設も同じようなことに基づいている。それは，その上でとんぼ返りをする装置というよりは，狭い空間をくぐりぬけたり，障害物を乗りこえたり，よじ登ったり，うず巻きや相互に連絡する路を走りまわったり，最後にもうひとつ大事なことだが，クライミング装置そのものの建設を改良したりするというような，限りない特有な遊びの可能性の媒体なのである。

プレイリーダーの日常業務で最も大切な仕事は，子供の創造したい衝動をいつも力づけ，自分の衝動を抑えることである。リーダーがあまり自分の考えをさしはさまないで，2枚の板を釘づけしようとしている子供たちを手伝うことは，たいへん難しいことがわかる。もともとはアイスクリーム売店のつもりであったものが，大人の空想の産物によって別荘にされるような「援助」はあまり必要ではない。

子供の遊びの欲求は夏が終わっても消えるものではない。それは，いつもそこにあり，遊び場は1年中開かれているべきである。この国の変わりやすい天候に適応するために，そして，冒険遊び場に資格のあるリーダーを確保するために，プレイハウスはぜひ必要である。家の建設などのようなより大きい企画には建築家の援助が必要である。そして，技術的にも，教育的にも可能な限りの最上の成果を得るためには，建築家とプレイリーダーとの緊密な協力が必要である。

都市計画家と造園家の仕事である住宅地での冒険遊び場の設立には次のような規則があり，注意して欲しいと思う。

1. プレイリーダーは企画の最初から仕事に携わり，雇用されていなければならない。
2. 遊び場の敷地は地方自治体の条例で普通に課される税を免れるべきであり，保護地区を治める規定について，近所の人から出る可能性のある権利の主張から免れるべきである。
3. 遊び場は子供たちの家から500メートル以上離れていてはいけない。家から遊び場まで長い道程を歩かなければならない場合には，遊びの生き生きした状況である自発性は失われてしまうだろう。
4. 子供たちの数は，遊び友だちをいろいろ選べるほど多いほうがよいが，お互いに名前も知らないほど多くてもいけない。

冒険遊び場は，自由創造遊びを考え出すためのすばらしいインスピレーションの場であった。けれども，遊び場以外のところで冒険遊び場で実った成果を利用していけないことはない。冒険遊び場でインスピレーションの源泉となった方法は，老齢者のための施設や保育園でも利用できるし，家や公園の建設にも用いられる（たとえば，唯一の意図がかげにかくれることであっても，茂みをつくってもいいのではないだろうか）。

たまごがめんどりに教えることができるように……

　　　　　「人生というものは，たぶんあとでしかわからないものだが，
　　　　　前向きに生きるべきものなのである。」　　　　　　　セーレン・キルケゴール

私たちは急速に物質的には豊かな社会に近づいている。それが，過酷な『1984年』*のよ

* ジョージ・オーウェル（George Orwell，1903〜50，イギリス）著，全体主義の支配する未来社会の恐怖を描いている。

うな社会であるか，冒険遊び場のような何物かであるかどうかという問いは，すみやかに適切な質問になりつつある。けれども，この質問は主に私たちの人間理解に基づいていなければならない。技術的な発達が人生の条件を自動的に変えることを無視して，見えるがままに自然主義的に人間を理解すべきだろうか。あるいは私たちが主導権を握って，人間の創造的主権を技術よりも優位におくように決めるのだろうか。冒険遊び場に関連した研究から得た私自身の体験によれば，この決定は建築家に託されている。人々は住宅の中で間取りに即して生活するのである。未来の人々が，自分の手のとどかない「聖なる」物の堆積した空間で生きる方がよいか，あらゆる「がらくた」を使って遊びながらあらゆることと親密な関係を持つ方がよいかを決めるのは都市計画（家や公園の計画）である。創造的な人間は超近代的な家具をそなえつけた共同住宅の中ではほとんど何もできない。たったひとつできることは，腰かけて，注意深く足を組み，身体を全体のパターンに合わせようとすることである。人は，墓石の上のハトや天使のように，すでに楽譜に書きこまれた「調和の鎮魂歌」のなかで建築家の指揮棒に従う。未来の建築家は，壁やカーテンの色を決め，創造的な喜びをひとり占めしてしまい，善良な市民に残しておくのはネクタイをまっすぐにしたり，結び目を固くしめたり，新しい独創的な自分の身分の象徴を探し出すのに打ち込むことぐらいのものしかないだろう。どんなかわった状況の中でも，遊びは人間の解放の欲求をはげましてくれる。文化の独占によって抑圧され口から泡を吹いたあわれな人間が，捨てばちになって，フットボールのグラウンドを頻繁に訪れるだろう。そこでは，少なくとも，緑の草の上で遊び戯れている22人を見ることができるからである。人一倍自意識が強く，組織されにくくて，規定にしばられることにがまんできない人々は，遊びに対する自分のどうしようもない好みが，自分を直接罪悪に導くということに気づくだろう。

鉄筋コンクリートの通り抜けられない障壁や専門主義や既成の意見や人格の鋳型をもった「文化の独占」がさらに発展すれば，『1984年』は，すぐに目に見える現実になるだろう。ある菜園組合の親方たちは，すでに，そうした不安に悩まされていて，土地所有者が自分の家の建設ができなくなるような規定をつくろうと努めている。

もし，私たちが真底求めているものが相補的な可能性であるなら，つまり，根源的に人間的な遊びや創造性であるならば，単に慰めを与えたり，視覚的にすぐれているということ以上のものが建築に求められるべきである。建築が持っている遊びや創造の可能性だけでなく，その教育的な面も意識的に理解すべきである。未完成の共同住宅は，そこに住む人をさらに創造的な努力をするように駆りたてるので，釣合のとれた完成された共同住宅よりもはるかに価値があるのである。

二義的な意味でだが，私たちは冒険遊び場を，建築の教育的な意味を豊かに探求できる一種の研究所と考えることができる。一般的にいえば，造園家とプレイリーダーが，お互いのために実りある協力をする機会がたっぷりあるべきである。ひとつの可能性として，実験的な冒険遊び場を創造するための組織をつくってみてはどうだろう。そうすれば，問題はより完全に理解されるだろう。

社会が必要としているのは熟練した技術者であるといわれるのをときどき聞くし，民主主義国なのだから，工業技術が社会のてこを動かすのを許すべきではないという言葉を聞くこともある。けれども，これは既成の事実ではないだろうか。そして，物

事は実際にそんなに違うものだろうか。民主主義とは，個人の意見を持つ権利にすぎないのだろうか。それは，個人の意見を持つ権利というよりは，社会のイメージづくりをする総合的な人間の権利という点で考える方が適切であると私は思う。本当の意味の民主的な努力とは，創造的で文化的な生活を民主化する努力を意味していなければならない。

デンマーク遊び場協会の見解

ウルフ・ブランマー〔協会事務官〕

以下の各項で，冒険遊び場の建設に関する主なガイドラインをいくつか示したいと思う。

　余暇活動の目的は急激な変化を受けた。以前は唯一の目的は，趣味の概念のように，子供を夢中にさせておくことだったのに，今では子供の遊びは社会教育的機能を持つものとみなされている。社会における能動的で積極的な役割を果たせる明日の市民を確保する機能である。私たちはみんな余暇の問題を解くために努力しなければならない。なぜならば，未来は私たちが子供たちの幼い頃に与える機会によって深く影響されるからである。私たちに責任のあるこの重大なことが，新しい世代の者たちが広範囲にわたる余暇活動の中から自分たちのものを選択する自由を持てるかどうかを決定するだろう。

住居地域における位置

理想的には，約1,000戸の住戸単位にひとつの冒険遊び場が必要である。現代の住居地域——それはしばしばたった1枚の計画図に数百棟の共同住宅が含まれているようなところだが，そこでは冒険遊び場はできるだけ中央に置かれている。そうすれば，最大利用が確実になるのである。

　冒険遊び場が高速の交通からうまく隔離されていて，入口は静かな通りに面していることはたいへん重要なことである。もし自動車の通る道路に隣接するときは，かならず土手や植樹によって砂ぼこりをふせぐようにしなければならない。冒険遊び場を目ざわりなものとみなしている住民をいらいらさせないよう，遊び場の装置や設備は居間の窓から直接見えないように設計すべきである。

タイミング

たとえば，スウェーデンのヘルシングボリでのような大きな住居地域の計画での経験から，新しい住居地域のさまざまな子供の施設は，原則として計画の第1の段階で準備すべきことがわかる。まず第1に家族が転入してきたばかりのときに，子供がどこか行くところがあれば，たいへん安心できる。次に遊び場の装置が遅れている場合には，結果的に，子供の発達が抑えられたときに必ずおきる精神面や行動面での乱れを埋め合わせなければならない。そして最後に，遊び場が家族の転入の際の重要施設である場合と，あとの段階でできあがる場合とでは，子供たちは全く異なった反応を示し，前者の場合の方が概して，より積極的な反応を示すことが立証されている。

面積と地形

冒険遊び場には，さまざまな活動を動かす監督の部屋を含めて，4,000から6,000平方メートルの面積が要る。平坦でない土地につくられる方が望ましく，古い砂利穴などを利用して成功している例もある。

子供の数

冒険遊び場は子供の数が80人から200人のときにその機能を最大に発揮するようである。おそらく150人が理想的である。50人より少ないと適切なグループ分けがむずかしくなる。子供たちは常にグループをつくる。そしてもし子供たちが自由にそうするには、選択の機会が十分にあるべきである。250人以上では多すぎる。そんな多くの人数の中でグループ分けすれば、子供たちの間でもめごとが起きる。成功している遊び場は生きた有機的組織体であり、子供たちとリーダーのコミュニティである。そして、このコミュニティの各メンバーは、他のメンバーを良く知る機会を持つべきである。

囲まれた，完全に監督された冒険遊び場

あなたがもし、私たちの冒険遊び場のひとつにやってきたとすると、その最初の印象はいくぶん閉鎖的で内向的な場所だと感じることだろう。あなたは本館に向かうがリーダーはそこにはいない。彼はたいていはどこか外にいるのである。建物づくりの場所は活動が盛んで、小屋や物置小屋や植物や樹木の中に大勢の子供たちがいるが、大

人の侵入者にほとんど気づかないでいる。それほど子供たちは自分たちのやっているすべてのことに夢中になっている。しまいに，あなたはリーダーはいないかとたずねるが，子供たちはあなたの聞きたいことについて何も知らない。子供らはリーダーのクリスチャン・ネームを知っているだけなのである。そして，突然，彼が現われる。あなたは案内してもらう。店舗用の小屋を見，他の監督たちに会い，家畜小屋へ行く途中で固定された遊具や水遊びプールを通りすぎる。本館の近くには1台のピックアップ・トラックがある。あなたはドライブごっこのためのものだと考えるかもしれないがそれは違う。それは実際に運転され，素材の運搬に使われている。他のところには舞台の原形のようなものがある。私が訪ねた折のことであるが，2人の少女が私がそこを通ろうとしたときにとっさに，「あなたに芝居を見せましょうか」ときいた。「ええ，どうぞ」と私は言って腰をおろした。いそいで衣裳をかえた後で，彼女らは舞台の両そでから登場し，魅力的なナンセンス劇をひとつ上演した。すべてに4分間かかった。そこには非常に楽しい雰囲気があり，私たちの間で，はじめて交流が行なわれたのがその舞台であった。

冒険遊び場のさまざまな活動

以下のリストは冒険遊び場での可能性の範囲を示している。たいていの場合，程度の多少はあるが，地区は相互に重なりあっている。それに，はっきりした境界は全く不必要である（植栽による区分を見よ）。

　1．　本館　その機能から考えると，これは最も重要なものである。作業や遊びのための道具や素材を借りに行くところがここである。最初に助けを求めに行くところであり，冬にはあらゆることが起こる場所になる。ここにリーダーは自分の電話と会計簿を持っている。ここには便所等がある。

　この建物がこれらの機能をすべて満たすには，ある物理的な条件が満たされていなければならない。そこには少なくとも5部屋が必要である。プレイルーム兼作業室，倉庫，道具庫，リーダーの事務室，便所である。約100人の子供の遊び場の場合には，さしあたって100平方メートルの一軒の建物に，これらすべてを備えることができる。建物は後で増築できるように配置されていなければならない。

　2．　穴掘りと建物づくりの地区　ここでは子供たちは普通2人から5人のグループをつくる。少なくともそれぞれの家に10平方メートルが必要であり，その庭に15平方メートルが要る。グループごとに合計25平方メートルである。もし遊び場が100人の子供のためのものなら，これらの活動は通行用の場所を含んで合計1,000平方メートルの面積を必要とするだろう。

　3．　建物づくりの素材貯蔵地区（トラックの導入路を含む）　それは建物づくりの地区と便利な位置関係に置かれ，建物づくりの素材をたくわえることができる場所である。たとえば，境界の塀への差掛小屋のようなところである。監督の1人が，この地区と子供たちに分配する素材と分配の手配についての責任を持つべきである。

　4．　公共地区　最大2,000平方メートルが公共地区として配置されるべきである。そこは子供と大人が特別の行事のために集まることができるところである。この地区を野外の舞台（9.）や，たき火の用地（10.）に隣接した場所で草地にするのに好都合なところに設けるのが自然だろう。

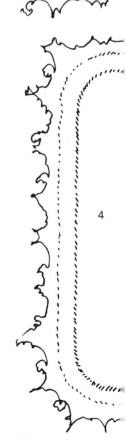

凡例
1　本館
2　穴掘りや建物づくりの地区
3　公共地区
4　家畜小屋
5　自然のままの地区
6　車の入口

5. **家畜小屋等々** これはもうひとつの重要な地区である。事実上，家畜になり得る動物を限定することはできない。現代社会が個人を疎外する傾向にあり，結果的に生きものの世話をすることへの欲求不満と異和感があるので，動物の世話をすることは子供の感情生活の欠かせない部分を広げてくれる。

動物が迷うのをふせぎ，大人たちが彼らに目をとめておけるように，家畜小屋など

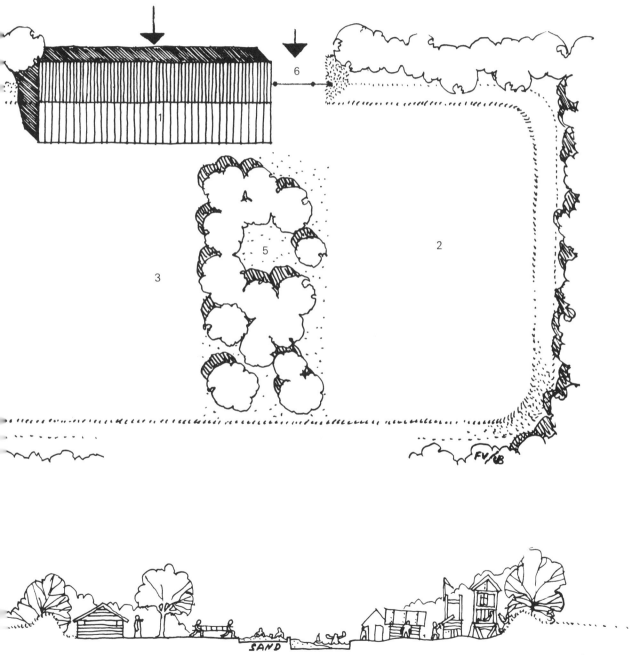

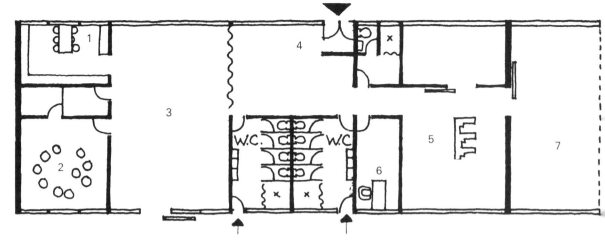

凡例
1. 台所
2. 読書室
3. 多目的室
4. ホール
5. 作業所
6. 事務室
7. 屋根のある戸外の腰掛エリア

は囲まれた地区の中にある必要がある。地方の獣医衛生官が月1回訪問するよう協定している遊び場がいくつかある。なかには、獣医衛生官が診察後子供と動物のことについて（いろんな病気についても）話し合っているものもある。こうして子供たちは動物学の知識や繁殖についての自然なうけとめ方を身につけるのである。

6. 固定遊具による区分　固定遊具は砂の中に立っていて、それは、クライミング・フレームや登りやすい木、ロープ、下水管、張り綱などであり、砂と水がとりあわせられている（次の7.を参照）。このような区分の仕方をすると、ただ動きまわりたいだけのものを含めて、比較的幼い子供をよく見守ることができるようになる。これに関連して、木製ブロックや手押車の貸付けのための部屋があれば役に立つ（それは鍵のかかる箱のようなものでよい）。

7. 砂と水をとりあわせると、子供たちを浅い水たまりでボチャボチャ歩かせ、湿った砂で遊ばせることができる。それは水から砂へしだいにかわっていく2つの部分に分かれたコンクリートのはちでできている。たとえば、それはちょっと重なりあった高さの違う2つの円形にすることができる。

8. アスファルト舗装された場所は、夏はローラースケートや自転車乗りのために、冬はスケートのための場所である。

次の3つの活動は、年うえの子供や大人たちによって適切な場所に準備される。

9. 野外劇場では子供たちの簡単な劇が上演される。舞台は間口4.5メートル、高さ2メートルほどで、小さな台と背景幕だけでできている。舞台は本館と隣接していると便利だろう。そうすれば、もっと精巧な設備をあわせて利用することができる。観客席は全く原始的なもので、たとえば荷物をほどいた後の木枠やどこか他で利用されていたベンチなどである。

10. たき火の用地　これはその価値がすぐに明らかになる目玉商品である。まず第1に、たき火をし、その周りに群がるのは子供たちにとって、わくわくする要素だからであり、第2に、遊び場にはすぐに燃えやすい廃物がたくさんたまるからである。それは燃やしてしまうのが一番である。今日、子供たちは大人の適切な手引きを受けないなら、火（動物もそうだが）を慎重に扱う態度を育てる機会をもつことはほとんどないのである。

▲橋や水やロープウエイのある遊び場と遊び場の建物

11. 菜園はぜひ必要である。そこで子供たちは花や果物の成長する様子を見て、発芽とか成長とか開花とかいった自然に関することを学ぶことができる。あるところには花を切りとることができる草木の花壇があったり、またあるところでは子供たちが自分らで毎年植物を種から育てているところもある。

12. もし荒れた、一面草ぼうぼうでデコボコな自然のままの場所が遊び場に隣接していれば、遊びや自然との接触に驚くほど多様な可能性があるだろう。そこは未開のまま残すべきであり、そこを利用する子供がしたい遊びは何でもやれるようにしてやるべきである。このような土地では子供たちが自転車道路をつくるのを助けることもできるだろう。

囲い込みの手法

前述の各項ですでに，遊び場の囲いに関する主要な問題のいくつかについてふれた。ときには，有刺鉄線のついていない高さ2メートルの堅固な塀が必要になる。

囲われた冒険遊び場では閉園後の侵入や子供たちのつくった洞穴や建物の破壊を防げるに違いない。破壊行為は，どこの冒険遊び場でも出くわす問題である。それは普通，ねたみが動機となっている。有刺鉄線や見張人を使って破壊者と戦うことは賛成できない。もっと積極性のあるプレイリーダーは，どんな社会でもこの種のことに大胆にたち向かうために必要な実例として取り扱い，その理由を見出そうとするだろう。普通それはうまくいって，破壊者たちは争わずに仲良くやっていけることを理解するようになる。

本館は遊び場を囲い込むものの一部となることが多く，入口や自動車の出入口の近くに置かれる。

がんじょうな塀があるとあまり魅力的なながめにはならないが，両側に樹木や灌木を近接して植えればごつい感じをやわらげられよう。そして数年のうちには塀は見えなくなってしまう。多くの場所での理想的な解決法は，遊び場の外側に1.5〜2メートルの高さの土手をつくることである。塀は土手の上に置かれ，土手には越冬性の灌木が植えられる。こうして，子供たちは風やほこりから守られ，灌木が成長しきったとき遊び場は地域住民に魅力的な緑の風景を提供する。

植栽

もしそれにふさわしい植栽がなされていれば，遊び場のすべての部分が親しめるコンパクトな雰囲気をもてるだろう。小路と他の地区はいろんな種類の野バラ（たとえばローザ・ルゴーサのような）で縁どりしてもよい。野バラは囲いになり，多少交通騒音を減らしてくれる。成長の早いヤナギを用いることによって多様さをもたらすことができる。ヤナギは遊んでいる子供たちが引きちぎってもあまりこたえない。概して，いろんな遊び場のそれぞれに親密で静かな雰囲気を与えるよう植物で囲うのは望ましいことである。しかしそれは一般的枠組の中で計画されるべきである。世話する必要がほとんどないか全くない種類の植物を選ぶことが最上である。極端な維持管理はその地区の維持にたずさわるものとそれを利用するものの間に対立関係をつくり出すからである。遊び場というものはまず第1に子供が利用する（そして，使い古す）ものであり，みてくれは次の問題であることを強調しておきたい。

植栽の問題はもし遊び場の監督と造園家が一緒に計画するならば最高の解決が得られるだろう。

職員と遊び場の日常の運営

この種の遊び場に職員が欠かせないことは疑う余地のないことである。他の解決法も試みられたがうまくいかなかった。

冒険遊び場に関する限り，デンマークの法律は世界中で最もよいものの中に入る。標準的な資格をもつ冒険遊び場は毎日の維持費の80パーセントの補助金がある（それは州と地方自治体とで分けて持たれている）。

職員の数

遊び場のリーダーたちは教員の訓練を受け、子供たちに積極的な姿勢を持たなければならない。150人の子供のための遊び場にはリーダーひとりを含めて4,5人の職員と2,3人の訓練を受けた助手と、1人か2人の見習いが必要だと考える。

季節

デンマークのたいていの冒険遊び場では活動は季節によって変わり、子供たちは1年中いろんな時期に、いろんなゲームをする。活動の最もさかんなのは5月、6月、8月、9月である。普通子供たちは、次の春に新しいもっといいやつをつくれるように、秋になると自分たちのつくった家を取りはらう。雨期には遊び場はたいへん静かになり、本館が余暇活動センターとして利用される。

財政

一般に、子供らは毎月の払込みで年間必要経費のごく一部分を支払う。年間運営費はおよそ200,000から300,000デンマーククローネぐらいである。このうち州は土地の賃貸料や抵当権者への支払をすべてまかなってくれる。残りは、州が45パーセント、地方議会が35パーセントを払う。このようにして公共団体は全維持費の80パーセント以上をまかなってくれる。残りの20パーセントは子供らの寄付や住宅協会の寄付や祝宴などによって冒険遊び場自体でつくりださなければならない。年間運営の中で最も大きな割合を占めるのが給料である。これについで素材と道具、掃除、そして比較的小さいものだが、食物がある。

開場時間

子供と職員の利害の不一致という問題がある。子供たちは学校がないときに遊び場が欲しい（たとえば午後、日曜日、祝日などのような）。一方職員は一般的な就業時間を望んでいる。日曜日は閉じられるが、普通の日は冬の間は5時まで、夏の間は7時まで冒険遊び場を開けておくというのが、おそらく最良の方法である。

ある場所では、主に午前中に遊ぶ幼い子供の要求に答える試みがなされている。そのためには、冒険遊び場は8時か9時に開く必要がある。これは1日10時間以上の労働時間を意味し、1人で受け持つにはあまりにも多すぎる。

経済性

冒険遊び場の費用は，年間子供1人当り2,000デンマーククローネと算定される。これはその予防的価値からみるとたいへん少額だし，交通事故による子供の病院での治療や，活動的な遊びの機会を持たないことからこうむるスラム街の子供の精神病の治療や，少年非行の調査や治療などに社会が支払う費用に比べると安いものである。さらに，公園建物や庭園の維持費と，近くに冒険遊び場があることの間に直接的な相互関係があるかどうかを立証することができる。遊び場があるところでは，その他の維持費はある程度安いのである。

結論

世界中で市街化地域が拡大しつつある。農村コミュニティはたえまなく工業コミュニティへ変えられつつあり，都会生活は農村生活にはほとんどないストレスを与えていることが経験的に示されている。もっとも工業化された国ではコミュニティからの疎外はこれまでにない規模で行なわれているのである。

　町や都市の成長に従って，子供たちはしだいに多くの可能性を奪われている。そこで現代の都市では子供たちがそのエネルギーやバイタリティを費やすことができる適当な場所を準備しなければならない。彼らにアスファルトの小区画や，砂場や，少しばかりのブランコなどを与え，子供が自分たちでゲームを組織するようまかせるだけでは十分でない。これは関係するすべてにとって不十分である。子供たちは特につくられた場所を必要としていて，ただそこにいることではなくて，子供たちの用語で言えば，遊びに加わることを望むのである。自由に使える私たちの経験をすべて引き出そう。熟練した監督を遊び場に雇って子供らが遊びを組織し運営するのを助けよう。

　私は次のように確信する。世界中どこにでも毎日われわれの社会の人間開発のために戦っている人がいる。そして，冒険遊び場は私たちがもっている最大の武器のひとつである。冒険遊び場は創造性や社会性や寛容のための私たちの生まれながらの素質を保存し，発展させることができる聖域なのである。

99

チンビエル冒険遊び場

ポール・E・ハンセン

チンビエル開発地区はコペンハーゲンの北東部，ハースコウビエン*の近くにある。その東側はコペンハーゲン最大の自然公園ウラースレウモーセ†であり，北東と北西にはグロネモーセとグーンゲモーセがあって，それらの間に守られて丘陵地帯が横たわっている。一方南側はベステンセイテン農園である。新しいチンビエル開発はこのような自然環境に囲まれたすばらしい位置にあるのである。建築家ステーエン・アイラー・ラスムッセン教授はその協力者とともに，広大な自然に面し，あらゆる機能を備え，自然の脅威から守られた町をつくった。

町の建設は50年代の中頃に始められた。施主は協同建築組合有限会社と公共住宅協会であった。共同住宅の最初の入居は1958年から59年の間であり，最後のものは1971年になる予定である。チンビエルの人口は合計約1万人で，そこには学校，商店，青年会館等もつくられている。

長びいた建設期間中にはもちろんいろんな困難があった。なぜならチンビエルは施設が全部完成し活動しだして初めて町としての機能を果すようにつくられていたからである。しかしこれらのたくさんの施設に対する態度もこの期間中にかなり変化し，たいてい何か変更する必要がでてきた。

私は，チンビエル開発やそれが住民たち特に子供たちに提供した変化に富んだたくさんの機会についてというよりは，チンビエル冒険遊び場がどのようにしてできたのかについて話したいのである。市街地の外にあるこの冒険遊び場については，誰もそんなところには冒険遊び場が必要だとは思わなかったのである。なぜなら，地区の普通の遊び場といっしょにいくつかの冒険遊び場がそれぞれの地区に計画されていたからである。

最初の数年間は子供たちが夢中になった時期である。子供たちは放課後近くの建設用地で遊ぶことができたからである。ユースクラブに所属した最初の冒険遊び場の建設の時に，当初計画されたアイデアのいくつかが実行されなかった。遊び場の周囲の土手がつくられなかったのもそのひとつである。また，その場所は狭かったし，位置が悪く騒音のことでいつも苦情が絶えなかった。6年間も改良工事をつづけたあとで，ついには冒険遊び場としては見棄てられてしまった。

チンビエル開発のための造園家としてソーレンセン教授が選ばれたが，この人選は敷地の可能性を最大に利用しようとする決意を示すものであった。ここ数年間，入居者たちはそうした努力に大いに協力し始めた。こんなことは以前にはなかったことである。

子供たちはときどき自分たちで遊びの欲求に対する解決法を見出した。これがたしかにチンビエルでおこったのである。市街化地区は次第に大きくなり，理想的な遊び場になる建設用地は次第になくなってきた。子供たちは開発地の外に自分たちの欲求に応えてくれる場所を発見したのである。

* コペンハーゲンから外に出るための主要道路。
† 「モーセ」は「荒れ野」という意味のデンマーク語。

……そして，工事はまだ続けられている——これが，まさにこの遊び場の基本的な目的であり，私たちは工事を終わらせようとは思わないのである。

「動物がいます。門を閉めて下さい。」

　開発区域で最初に完成した地区とハレスコビエンとの間に，コペンハーゲン運動場に属する土地がある。その一部はサッカー場になっていたが，約14,000平方メートルの土地は何にも使われていなかった。年うえの子供たちは次第にこの土地を利用するようになった。彼らは手始めに小さなほら穴をつくった。この時には開発区域の内外を結ぶ輸送機関がまだ準備されていなかった。そこでこの土地を横切ってバス停留所へ近道していたが，後に歩道として整備された。上に紹介した文から，私たちが当然であると思うように考え計画したような状況の中では，私たちは子供たちが自分の自然な欲求に対する答えをただ待っていられないことを見出すだけであると，みなさんに知ってほしかったのである。

　公営住宅協会と居住者たちは，私たちの直面している問題をすぐに理解し，その解決のために協力してくれた。運動場協会との最初の交渉は実りあるものだった。10年間無料でこの土地を利用できるという成果が得られたのである。

　チンビエル開発地区の北東部には幼児学校や青年会館がある。青年会館の支配人であるヨーゲン・アンデルセンは公営住宅協会にあるすべてのユースクラブの監督だったが，新たに加わったチンビエル冒険遊び場での企画もひきうけてくれた。

　最初のプランがつくられた。まず遊び場に動物をおくことが決定された。それには周囲を囲う必要があった。高さ2メートルの格子垣がつくられた。破壊行為があることも予測しなければならなかった。だから，この囲いは2つの役割を果たすわけである。土地は3つの部分に区画することに決まった。第1の部分は，それぞれが4×5メートル角の大きさの約100の小区画に分けられた基礎的な建設場を含み，地区への出入のための通路が配置された。第2の部分は，やや大きい家畜のための囲い込まれた地区であり，特に乗馬用の道などに利用されても自然なように思われた。また，4,000平方メートルの土地を年に数回のサーカスなどの催しのために使いたいと考えた。後になってから，そんな使い方をすれば草地はだめになってしまうことがわかったけれども……。数回の全く成功した試みのあとで，動物のための牧草という最初の目的のため草を保存したいので，私たちはこうした使い方をやめなければならなかった。家畜用の囲いとしてカールマーボード製の1メートルの高さの柵がたてられ，子供たちはその周辺をとり巻く柵の上に腰かけることができる。乗馬道として利用されている幅員3メートルの小路が，家畜の囲いの周りに配置されている。

　第3の部分には，馬小屋や公共の部屋や便所があり，自動車の道路がここにまっすぐつながっている。ここには築山がつくられている。子供たちとプレイリーダーの間に緊密な協力関係ができた後期につくられた，いつも新しいものが付け加えられ累積されている遊具（最終の形に到達することのない遊具）を置ける場所があった。しかしたき火のための場所や大きな橋の建設と同様に，劇場はもちろん常設のものでなければならないと思う。それはいろんな利用法をたくさん見つけられる基礎をつくることなのである。

　囲いと基礎的な土工事が行なわれただけだったが，これらの最初のプランは1967年に実施された。そして冒険遊び場は1967年4月1日に開園された。すぐ子供たちに支持されて，最初の2ヵ月間に約500人の子供が参加した。しかしまだ当局の認可を得てはいなかった。認可されればたいへん価値あるものになっただろうに。

　こうして私たちはパイオニアの仕事をつとめるはめになった。そして私たちがそれ

スケッチ：セシリア・ベンソン

を果たし得たのは，何よりも公営住宅協会のユースクラブ制のおかげである。ユースクラブが法的に認可された制度であるというだけで，州や地方議会から補助金を受ける資格があるので，冒険遊び場の次の段階の仕事はユースクラブの仕事の延長になった。財政状況はそのおかげで変化した。普通は初めにある程度の施設があるのを基に活動し，次に運営費の予算をとるのだろうが，私たちの場合は現在持っているものすべてを毎日の経費のための担保にするという現実に直面しなければならなかった。私たちは素材や労働力の問題や建設の順序などの点で普通のものとは違う方法で対処しなければならなかったので，ごく緩慢な発展しかできないのは当然のことであった。けれどもそれは興味深い時期だった。その間私たちはじっとして切り抜けなければならなかった。一例をあげよう。私たちは250平方メートルの普通の素材でできた家畜小屋を計画したのだが，経済的な理由と当局の制限のために，今冒険遊び場では鉄道の古い枕木でできた芝土の屋根の家畜小屋をつくっている。工事はまだつづけられているが，これは遊び場の基本的な目的の1つなので，私たちは工事が終わればいいとは思わないのである。けれども，地方自治体がこのような姿勢を認めることは期待できない。これがチンビエル冒険遊び場が他と違う理由である。そしてそれはおそらく，公式に認可されないこのような発展のなかに，価値のあるものがある理由でもある。これはパイオニアの仕事として継続され，決して中断されることはないだろう。

最初の何年かの間ここには動物が少ししかいなかった。檻は50匹のウサギのためにつくられた。子供たちは3人の大人のリーダーといっしょになってどんな雑役でも手伝った。しかし1968年には，教育者として養成された者も受けていない者もあわせて，10人から12人のリーダーが遊び場に所属していた。動物の数は約200匹になり，なかにはかわいらしいひとつがいの馬や2匹の豚や1頭の子牛やたくさんの小動物がいた。

子供の数は約600人に増え，1人が月に5クローネ払っている。この取り決めはそのまま参加者の割合の記録をとっておくために維持されている。もちろん，規則にひどく違反した場合には遊び場からしめ出されるぞとおどかすことも時には必要である。数は少ないが，違反は普通動物に関連しておきる。子供たちは概して動物を大事にすることの大切さを十分よく知っている。少し大きい動物はみな，日中すきなように歩き回るので，子供たちはすぐに動物に慣れた。動物がのんびりと独り静かにしていたければ家畜の囲いに自由にもどることができた。多分意外に思える問題がひとつあって，それは，動物に食べさせすぎることである。子供たちは毎日，動物が職員から餌をもらった後でも，動物にたべものをやる。いくらか教育的なことに対する欲求があるので，現在は動物の検診のおりに，獣医に子供たちへ動物についての話しをしてもらっている。

幼児と小さな七面鳥が砂山で驚くほど仲良くしている。

冒険遊び場は4月1日から11月1日まで，1週間に92時間，週日には1日14時間，日曜日には8時間開かれている。1970年には普通の労働時間を保証するために18人のリーダーが遊び場に配属された。冬期間に，餌をやったり掃除をしたりといった動物の世話のために遊び場が開かれた。さまざまな建物の改良作業なども行なわれている。冬期間の従業員は全部で5人である。ついでに言えば，この仕事は特別のアプローチが必要であり，こんな種類の遊び場に適した人を補給するのはいつもかなり難しいことである。パイオニアの仕事にはあらゆることが含まれている。もうまったく一人前になった教育者は，コンクリートを混ぜたり，羊の毛を刈ったりしなければならない

この遊び場には農園にあるものが何でもある。家畜小屋や納屋や動物など。

と考えただけでしりごみしてしまうだろう。まさに、この点に克服すべき問題があるのは確かである。

　チンビエル冒険遊び場は私たちに多様な体験を与えてくれた。そしてそのために、子供たちの関心を引きつづけることができた。みんなは「成功である」ためには、いつもそれに対して圧力がかかっていないようにとだけ望んでいる。そして事実、当局のほこりだらけの事務机の後には静かな闘いを勝ち取るゆとりのある人はいないのである。私たちはチンビエルでと同様に他の冒険遊び場の仕事もつづけている。最初の何年かの体験は利用されてはいるが、しかしチンビエルを他の開発にもそのまま移植できることを意味するものではない。私たちの仕事は良い体験に注目し、悪い体験から学ぶことである。悪い体験によって、明日の要求――子供たちの要求に限らず将来のすべての人の要求――に対して絶えず警告を受けているのである。それによって既存のパターンは明日の要求や願いを適えるように変えられ、方向づけられるようになる。だからこそ、遊び場の仕事はいつまでもパイオニアの仕事なのである。

「建設用地」の遊び場

ボルグ・T・ローレンツェン〔デンマーク，ルードーブル市の建築家〕

地方自治体の建築行政の仕事での大問題のひとつに，建設用地管理と地域の子供の間にときどきおこる事件がある。子供らは建設用地での工事の進行にたいへん興味を示すが，残念なことに子供は建設業者にとってかなりじゃまになることが多い。そこで用地の周囲に有刺鉄線をはりめぐらす必要がでてくるのだが，それがますます不法侵入を多くするのである。

もっと多くの遊び場が必要なことに関しては書かれたものがたくさんある。しかし遊び場は，子供らの創造力や想像力を発達させるよりは，子供のために娯楽を準備するという目的だけでつくられていることが多い。砂場はたいへん小さい子供にとって──地域の猫や犬に関してもそうだが──大切なものだということはわかっている。そしてブランコやシーソーやもっと年うえの子供のための他の遊具は，あまりワクワクさせるものではないが，ある消極的な娯楽への欲求を満足させることもわかっている。

子供も大人も，その年齢にかかわりなく遊びたい欲求を持っている。子供にとって創造的遊びはその成長にたいへん重要なものであることは疑いのないことである。責任や仕事に対するまじめな態度は遊びを通して発展される。建設用地の遊び場では，実際的な技術面での上達ばかりでなく，子供の創造的感覚の発達も促される。

子供のために必要ないろんな遊び場の中で，建設用地の遊び場を軽視すべきではない。理想的には，できるだけたくさんの子供が遊べるように最初から用地に組みこん

でおくべきである。子供時代と呼ぶ期間はほんの数年であり、建設用地の遊び場を利用する子供の場合はおそらく3年から5年にすぎないことを考えてみるべきである。

建設用地に遊び場を開くにはどうすればいいだろうか。それは工事に最も影響の少ない用地の一角に置かれるべきである。そして用地を横切る必要のない直接の入口が必要である。そこはいつもの工事現場用の囲いで、建設用地から素材を持ちこめるようにして囲うべきである。それに、平坦でない地面、木製の障害物、いくつかの大きな玉石、ほら穴とかトンネルなどが高価な遊具より価値があるのである。

土地の所有者や建築家や技術者は建設業者の協力を得られるよう助けることができる。そして建設業者は必ず、廃材を集めたり遊び場へ運んだりして協力してくれる。リーダーたちは建設用地の遊び場の存在を、地域の学校に教えてやるべきである。

子供の指導は問題ではない。工事場の労働者はほとんど必ず興味を持ち、たいていの者は子供の手伝いに昼食時間を数分使うことを気にかけたりはしないものである。それに遊び場の設立者たちも子供たちの遊びに加わるに違いない。もしそこで免許のあるプレイリーダーを採用できれば、成功する可能性が大きい。そんなリーダーを雇う費用ととりつけられそうな装置の費用は、遊び場が認可されさえすれば、児童福祉に関する規定に従って関係する州と地方自治体とでその一部を支払ってくれる。最後につけ加えるが、建設用地で使われている「罰金箱」を役立たせてはどうだろうか。建設に関する会合に欠席した「罰金」や、「背中を丸めて立っている」ことなどに課せられているより軽い違反で集まる収入を、「建設用地」の遊び場の維持費として役立てることができるように思う。

運動公園の構成要素としての冒険遊び場

　冒険遊び場はいろんな異なった状況のもとで機能を果たすことができる。古い街区では，どんな場所でも利用できさえすれば，満足というものだろう。けれども，新しい住宅地の設計にあたっては事情は異なる。ここではいろいろなレクリエーションの場や施設，たとえば学校や保育園やユースクラブなどを中心にまとめるための基準やパターンについての概要を述べよう。

　スカンジナビアでは，近年，一般に運動公園と呼ばれる一種のプレイセンターが発達した。このセンターは3,000～5,000人の人口のためのものである。その誘致区域は，家から歩いていける距離（350メートル）にあるのが理想的である。近いということがたいへん重要である。関連した調査の結果から，子供たちは——ティーンエージャーでさえも——離れたところに遠出するのはときたまであり，たいていは家の近くで遊んですごすことがわかった。だから運動公園が遊びのセンターになるためには家の近くになければならない。

　学校をコミュニティの一部として統合し，施設の重複を避ける意味で，運動公園を学校の近くに配置することはもっともだと思われる。こうすれば，運動公園は学校に必要な数々の遊びや運動の場を提供してくれる。ある場合には，学校が運動公園に対して運動施設を提供し，運動公園が学校に遊び場を提供したり，またその逆だったりするが，大切なのは，運動公園と学校はひとつのユニットとして計画されていて，両方とも放課後も使えるということである。

　冒険遊び場は，他の数多くの構成要素のなかの一要素として，上のような全体とうまく適合している。いろいろな理由で柵が必要であり，閉園時には錠をおろさなければならないのだから，リーダーに頼らなくてすむ施設はすべて柵の外に置くべきである。

　以下とりあげる運動公園は近年創立されたもの，または建設中のものである。そのどれも完全なレクリエーションセンターではない。それは概念が発展した次の段階のものになると言えるだろう。けれども，センターにあるどの施設も，コミュニティのまとまりを維持するために，同一の誘致区域に基づくべきであるという事実をおおいに強調したいと思う。センターの構成要素を決めるときには，すべての要素が調和し相互に役立つように配慮すべきである。ただ財政上のことについてはまだ十分には考えられていない。

フラトース運動公園，イエーテボリ

フラトースの住居地区はイエーテボリのセンターの西南5～6キロメートルにあり，人口は約7,000人である。この地区は基本的には1964年に完成している。建物は中庭を囲んだ3，4階建ての板状アパート群から成り立っている。

運動公園は中央に配置され，学校や運動場と直結している。砂場と地区の遊び場は住宅の近辺に配置された。交通の分離は完全に実施されている。駐車場は建物敷地の外に取付道路や地区道路と結びつけておかれる。このために，自動車の通る道路を横断せずに学校や遊び場やショッピングセンターへ行くことができる。

運動公園は，街の配置図に見られるように中庭に配置されている。この運動公園の場合には植樹された土手で区分されている。それは，全体的にみれば1つのまとまりの単位を形成しているいろんな種類の活動のための適切な空間をつくろうとしているからである。樹木とか他に考慮すべき自然の価値あるものがなく野原を利用できる場合には，計画者は自由な行動ができる。

この地区が芝生の中に配置されたとき，それをありふれた地区の少年たちのサッカー場以上のものにすることはむずかしかった。近隣全体のより進歩した遊びのセンターになるような運動公園を作ろうという大きな望みがあった。大人も子供もみんなで，できるかぎりのものを準備すべきであった。敷地が1.5ヘクタールという制限があったので，どんなちょっとしたところでも利用できるようにたいへん集中的な配置が工夫された。各部分は，建物の中でのように，他の部分と結ばれていて，それぞれが冒険遊びとかボールゲームとか砂遊びとかの活動専用につくられた。

この小区画は運動公園の骨格をなしている。その中での活動は必要に応じて変えられる。たとえば，ウエンディハウスのある一群はその最初の場所から中央の遊び場へ移動した。大人たちのくつろぐ静かな場所として計画された芝生は特に人気のある場所にはなっていないことがわかったので，そこでは子供のためにおとなしい動物を飼うことがある期間試みられるだろう。人口の構成がかわれば，芝生の可能性について再び考慮してよいだろう。

凡例
1 運動公園
2 運動場
3 店舗
4 学校
5 病院
6 小学校
7 駐車場
8 教会
9 保育園
10 共同住宅

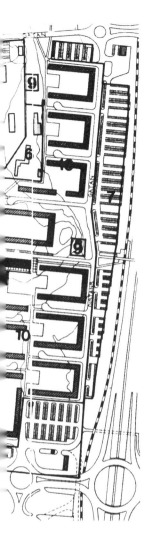
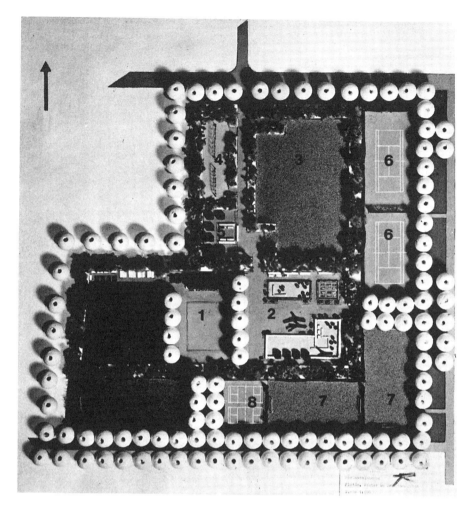

凡例
1 中央遊戯広場
2 砂場
3 冒険遊び場
4 ブランコ
5 ウエンディハウス
6 テニスコート
7 ボールゲーム
8 バドミントン
9 草地（動物）
10 ピンポン
11 プレイハウス

　最初の計画でウエンディハウスの用地だった所に子供たちとプレイリーダーは年うえの子供用の簡単な家を作った。プレイハウスで幼児と一緒では心からくつろぐことはできないと感じていた年うえの子供たちが先に立って作ったものである。けれども，この家の建設に使われた木材を他の場所で使う必要が出てきた場合にはそれに反対しない。

建物づくりの素材

▲ガラス会社は適当な大きさの木箱を供給してくれる。バールでそれを分解して有用な木材を得ることができる。

◀建物づくりのシーズンが始まり、冬の間に蓄積された豊富な素材が使われる。そのうちに、リーダーは廃材を定期的にまわしてくれる適当な会社と手を結べるだろう。

どこかで見つけられた古い手押二輪車、これはいつも使われている。▶

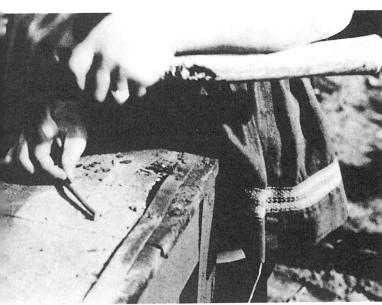

道具とクギ

1 子供たちとリーダーは共同で道具小屋を建てた。道具貸出しの簡単な仕組みが作られた。建物づくりの各企画グループに番号をつけ、たとえば、ハンマーを借りるときにはグループ番号のバッジを小屋のハンマー掛けに掛けてくる。ハンマーを返したら自分のバッジが戻るというやり方である。
2 クギは非常に需要が多く、一度使われたものでもけっこう役に立つ。
3 はじめにノコ引き台を作ればうまくいくだろう。
4 道具はすべて単純で良質のものである。
5 ハンマーや支給されたクギの入った木箱とノコギリを持って道具小屋から戻ってくるところ。

発展

たいへん念入りにつくられた家やデンも最初はたいてい全く単純なものであった。素材が乏しかったし経験や想像力が不足していたといえる。最初の単純なデンを作るところまでこぎつけられず完成することのできなかった建主もあった。また毎週毎週建築をつづけ，おそらくひと夏かかったのもある。部屋が加えられ，新しい床がはられ，階段やバルコニーや庭や塀などがつくられた。最初の小さなデンは教会とか，塔とか，それ以上のものに発展する可能性がある。

素材の供給は決定的要素である。長い間の適切な素材の不足は活動に大きなマイナスであった。だから素材の配分はさしあたりの刺激剤であった。素材がもっとあれば，もっとよいもっと大きい家がつくれる。もっといろんな素材があれば，構造ももっと想像力のあるものになる。

冒険遊び場はいろんな面において素朴な社会である。たとえば建築素材に対する情熱は近くの建物をおそうことに発展する。しかしながら本当のインベーダーは普通夜やってきて子供らの作った家に押し入り，それを破壊したりさえする。インベーダーたちは以前には遊び場に属していたグループだったり，なにかの理由でリーダーや他のグループと敵対しているものだったりするかもしれない。頑丈な南京錠つきの扉がいつも役立つとはいえないが少なくとも安全な感じはする。フラトースではすべてのデンは使わないときには南京錠をかけている。そしてリーダーが合鍵の1つをあずかっている。

◀ユースクラブ

共同企画

個人での大胆なもくろみと同様，なにか集団での企画がいつもつづけられた。道具小屋はそんな初期の企画のひとつだった。他にいろんな活動のためのシェルターになる巨大な屋根をつくる企画があった。しばらくそこは大工仕事に使われていたが，まもなくだれかがロープブランコにすばらしく役立つことを発見した。ロープが天井からかけられ，台が四隅全部に配置され，床にはやわらかい砂が敷かれた。

　ティーンエージャーたちは長い間自分たちだけの場所が必要だと感じていた。彼らはひとつの小屋にあまりにも多くの小さな子供と一緒にいたのである。彼らは好きなだけボリュームをあげてレコードがかけられ，それがいいと思えばダンスができ，ピンポンをしたりただ輪になってすわったりできる場所が欲しかった。冒険遊び場のすぐ外に適切な敷地が見つけられた。囲われた場所の外側にあるので，それは遊び場の開場時間に関係なく利用できた。

　この企画は公園課の了解を得て始められ，最後に遊びででではなくほんとうの建物になった。明らかに主な仕事はリーダーによってなされたが，それはみんなの協力のおかげであると思われる。

大屋根

消防署

ロープウエイ▶

火

フラトースのような近代的な住宅地では，子供たちは裸の火を見る機会がほとんどない。家は集中暖房されているし料理は電力によっている。そこで最初から子供に火を扱う方法を教えなければならなかった。遊び場での最初の夏の間，子供たちが自分たちのデンの中でただ火をたいているのが見出され，これは禁止された。

玉石と低い椅子にかこまれた大きなファイアープレースが建設され，どこか他の場所で火を燃やすことは禁止された。5回目の夏をむかえた現在では，ほとんどすべてのデンがそれぞれのファイアープレースをもっている。それらはもちろん使い始める前にリーダーが検査し，認可されたものである。子供たちは火の扱い方を学んでいる。

大きなファイアープレースは現在，1週間に1度金曜日の夕方に使われるだけである。というのは大きなたき火をする前に保健所と消防署の許可が要るからである。子供や親たちがソーセージを焼くために火のまわりに集まってきて，一緒に楽しくすごすのである。

造園

初めに土は深い砂利層に置き換えられた。湿った天候の間にも利用できる敷地にするためである。しかしこれは造園には不便だった。それでも庭をつくる大胆な試みが時時行なわれた。そして半割りにした古いビール樽が役立つことがわかった。

動物の飼育

動物がはじめてとり入れられたのは1971年の夏である。ヤギ，ウサギ，モルモットなどといったおとなしい動物がリーダーの監督のもとに子供たちの手で飼われた。動物の種類ごとに委員会が構成された。たとえばヤギ委員会，ウサギ委員会などというように。これらの委員会で動物に関するすべてのことが決定された。

少女たちも

フラトースの冒険遊び場は決して「男の世界」ではない。しかし、社会にみられるような性によるパターンがどんなに根の深いものであるかに驚かされる。少女たちもときにはデンをつくるがたいていは家事を引き受ける方を選ぶ。彼女たちはいつも家の大掃除からはじめ、そのあとでカーテンをつけデンを花でかざり、楽しく心地よい家庭的環境をつくりだすことが多い。

再開発

敷地は完全にとりかたづけられることはないし、そうすることが望ましいと考えられることもない。連続的な発展がその目的であり、しじゅう取りこわされることが想定されている。古い家は新しい家の素材であり遊び場は決して固定したり静止したりしないのである。

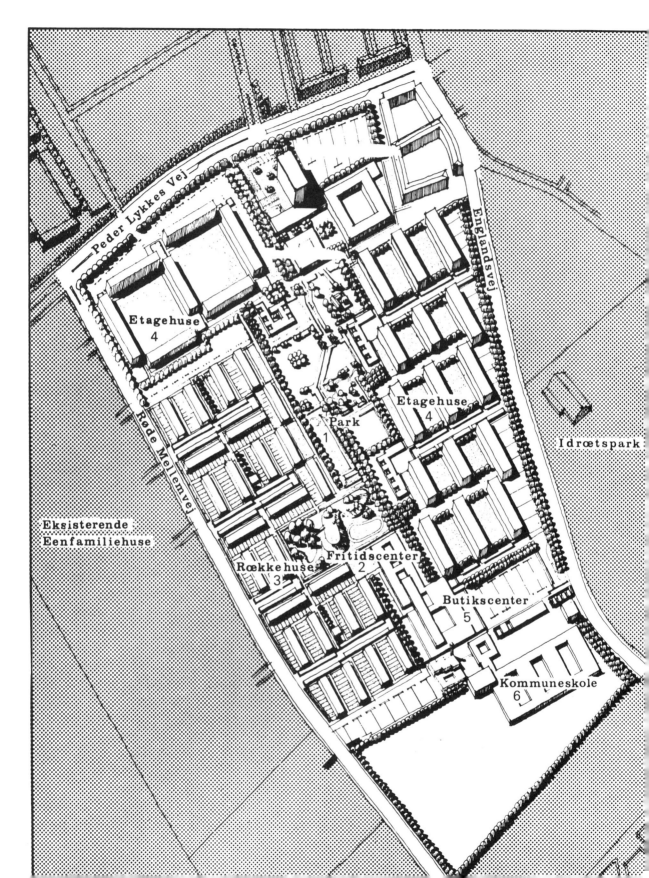

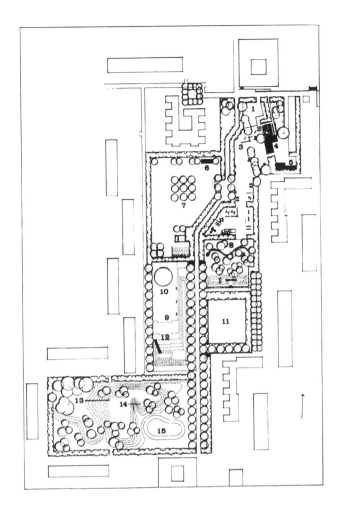

凡例
1 砂遊び
2 花壇
3 アスファルト
4 遊び場の建物
5 車庫
6 作業場
7 冒険遊び場
8 自然のままの地区
9 草地
10 水遊びプール
11 ボールゲーム
12 トボガンコース
13 すべり台
14 ロープウエイ
15 自転車道路

レミセパーケン，コペンハーゲン

造園者：市の公園課

この運動公園はコペンハーゲンの南東にあるアマゲル島の近代的な住宅地の中央に位置している。この地区は協同住宅産業によって設計され，1969年から70年に建設された。そこにはテラスハウスと4階から8階建の住棟でできた約1,500戸の住宅がある。駐車場も含めて自動車交通は開発用地の外側におかれ，一方学校や保育園や商店や運動公園はその内側にあって，どの家からも自動車の走る道路を横断せずに行くことができる。

住宅地の建設後に残った約2万立方メートルの土が運動公園地区に運ばれ，このおかげで当初の完全に平坦な敷地がかなり改良された。小山は閉じた空間をつくり，すべり台やトボガン（平底そり）コースやロープウェイなどに適した丘を形成するよう配置された。その結果，はかり知れないほどの遊びの可能性をもったすぐれた特殊な公園ができあがった。

凡例
1 運動公園
2 レジャーセンター
3 テラスハウス
4 共同住宅
5 ショッピングセンター
6 学校

適当な起伏のある地面は遊びの可能性がたくさんある。適切な装置を配置することで、その可能性はますます開発される。

建物づくりは冒険遊び場だけで行なわれるわけではない。建物づくりの企画のためのさまざまな基本構造が準備される。建物づくり用の大型木製ブロックがたくさんあり、子供たちは自分たちで毛布を持ってきたりする。

129

▲建造物

◀「立入禁止。芝生の養生中です。子供たち」

古い鉄道枕木で作った頑丈な作業台▶

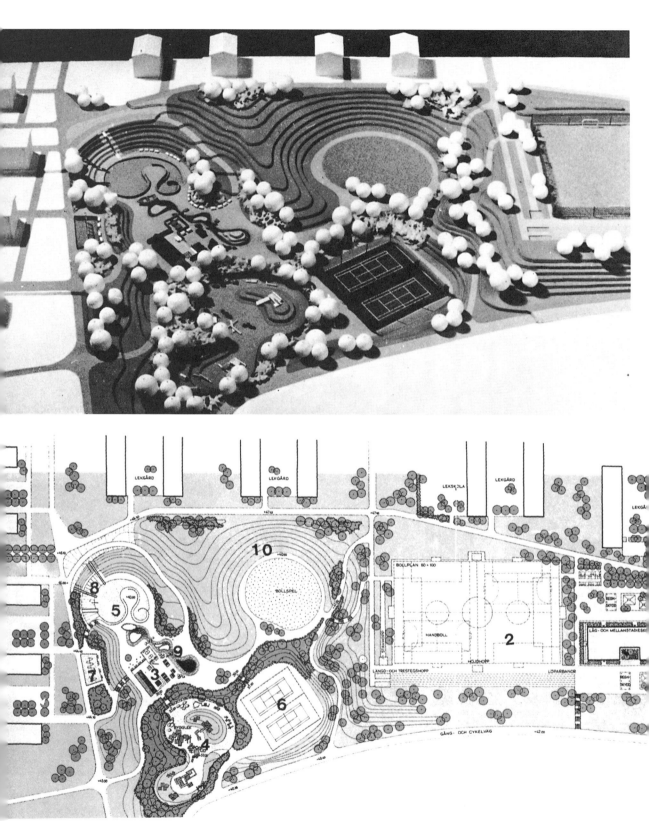

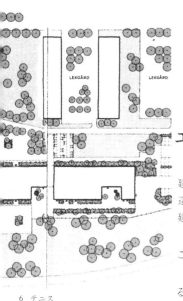

6 テニス
7 ブランコ
8 すべり台
9 水遊び
10 トボガンコース

エリクスボー，イエーテボリ

建設者：市の公園課
造園家：カール・ヴィルヘルム・サンディン
建設年：1970年

この運動公園は 3 階建の約1,000戸の住宅地の中央にある。

　運動公園と学校は学童が長い休み時間や自由な時間に使えるように一体になっている。学校と運動公園の間には運動場がある。それはまた校庭と運動公園の比較的静かな場所の緩衝帯の役目も果たしている。運動公園内の各地区は自由に配置されているが，ゆるやかに盛りあがっている土手の間に集められている。建物の素材や砂と水を使った遊びなどの建設的な遊びが公園での主な活動である。

スケッチ:キエル・アーケ・ゲリンデル

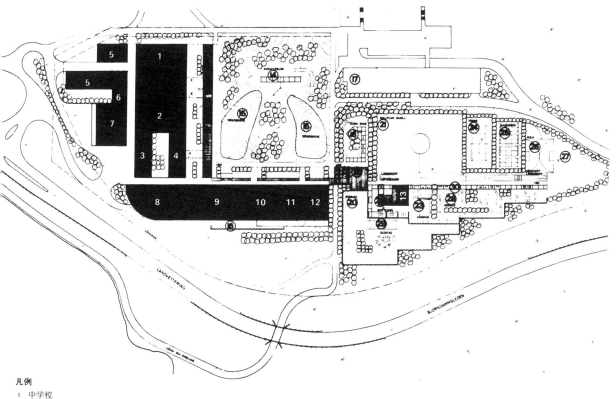

凡例
1 中学校
2 小学校
3 幼稚園
4 クラブルーム
5 共同住宅
6 キオスク
7 店舗
8 食堂
9 保育園
10 クロークルーム
11 アスレティックス
12 プール
13 プレイハウス
14,15 起伏のある草地
16 サンテラス
17 駐車場
18 花壇
19 広場
20 冒険遊び場
21 ボールゲーム
22 ピンポンと腰掛エリア
23 ウエシディハウス,シャワー
24 テニス
25 バドミントン
26 アスレティックス
27 草地
28 ミニゴルフ
29 屋根のある場所
30 ベンチと遊戯装置のあるパーゴラ

ビエルンダメン,パルティル,スウェーデン
——統合された学校

建築家:ヤーン・ツールフィエル
造園家:カール・ヴィルヘルム・サンディン

住居地区人口は3,200人と計画され,最初の居住者は1971年の中頃入居し,最後の入居者は1973年秋と想定されている。

　総合センターは,外部からは自動車やバスで,内部からは徒歩や自転車で近づきやすい位置に置かれている。その目的は地区全体にいろんな種類の施設を提供するセンターをつくることである。これに基づいて,学校,公共図書館,保育園,食堂,商店,余暇や遊びのための場所を密接に組みあわせるべきである。そうすればそれぞれの場所をより効果的に利用させ,各要素のより高い利用価値を生じさせる。すべての場所は変更が必要なときには対応できるように計画されている。

屋内施設

ときどき私は子供たちがいつも屋内にいたがっているのではないかと思うことがある。子供らが外に出て行くのは、たいてい友達と会うためだったり、外でどんなことが起こっているかを見に行くためである。それがすむと、どこか行く場所を探し始める。できれば屋内へと。普通、子供らは利用できるものなら何でも使って間にあわせる。古い納屋とか屋根裏とか、たぶん大きい荷造り箱でもよい。その理由を言うことは難しいが、私には子供——そしておそらく大人も同じだが——開けたところよりも囲まれた適当なスケールのところの方が好きなように思える。小さな子供たちがたいへん小さな場所、たとえば古典様式の見本のようなテーブルの下などに入り込むのがどんなに好きかをちょっと思いおこしてごらんなさい。

　プレイハウスは遊び場で最も活動的でほんとうに最も人気のある場所である。あらゆる活動は、利用できる空間によって限定される。普通、プレイハウスはあまりにも小さすぎ、たいへん混んでいて、その結果、果たすべき機能を十分に発揮できない。

　屋内施設は冒険遊び場に欠かせないものである。活動は気温や天候とは関係なしに1年中つづけられる。グループ活動のための小さな部屋と同様に大きなプレイルームも必要である。各年齢グループ間のつきあいは奨励されるべきだが、子供が参加し形成するグループに関しては自由に選択できる可能性も同様に重要である。強制的にグループ分けするのも強制的に分離するのもかわいそうなことである。ティーンエージャーは自分たちの場所が必要だし、もっと幼い子供にもそうである。だから、全員が入れるぐらい広い中央ホールがあり、そのまわりにクラブルームがあれば理想的である。リーダーの部屋とか道具や素材の倉庫とか便所は、当然のことだが準備すべきである。

　近年、冬季の屋内遊び場に関する実験がスウェーデンやデンマークで行なわれている。最初に報告されたのはストックホルムの近代美術館でのもので、1968年に数カ月間、その一部をすばらしい子供の遊び場に変えたものである。その後、もっと永久的な屋内遊び場がいくつかつくられた。1年の大半の気候が戸外の活動に向いていないところではこれは考慮すべきことである。

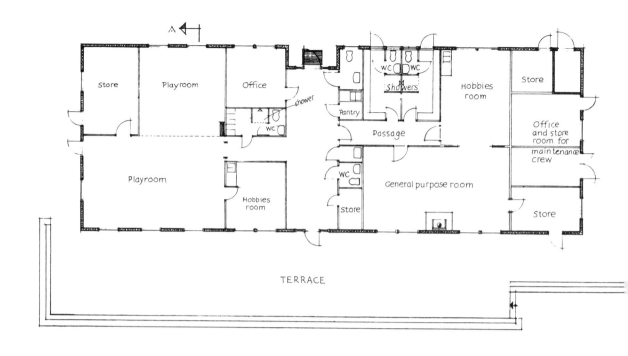

クラブ兼プレイハウス

建築家：スツーレ・ヨハンソン

イエーテボリ郊外のレヴィゲルデット運動公園のクラブ兼プレイハウスは，公園課がレクリエーション課と協力して運動公園や近隣のさまざまなクラブのための屋内施設をつくろうとする最初の試みであった。

　この共同企画は明らかに経済的である。なぜなら敷地は言うに及ばず玄関や衛生設備などといったものが共用できるからである。必要ならば，ときには運動公園なりクラブなりが家全体をひとつのものとして使うことができる。広くて簡単に間じきりできる部屋は，その時その時でいろんな活動に利用できるようにつくられている。

　プレイハウスは公園が広く見渡せるよう設計され，西側にテラスが設けられている。壁と屋根は伝統的なスウェーデン建築に従って単純な木製羽目板になっている。

バッカ・ヴェステルゴールド, イエーテボリ

建築家:スツーレ・ヨハンソン

バッカ・ヴェステルゴールド運動公園では古い納屋が,冒険遊び場に直結した屋内遊び場として使えるよう改造された。納屋はいろんなこと,たとえば,フォームラバーへのジャンピングとか,ロープのブランコとか,ピンポンとか,ペット・コーナーなどに使えるよういくつかに区分された。

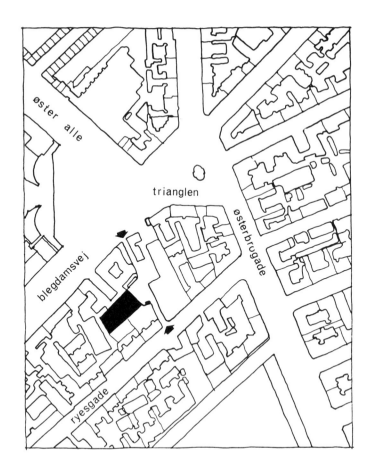

バス車庫が遊び場になった

建築家：コペンハーゲン市公園課

1970年10月15日，コペンハーゲンのウスタブローで約850平方メートルの屋内公共遊び場が開かれた。それは以前コペンハーゲンの市営バスの車庫だったものである。

　この屋内遊び場と屋外の遊び場として使われている隣接する庭とは，大きな2つの引き戸と扉ひとつとでつながっていた。遊び場には活発な遊びに適した施設が用意されたが，それは適応力のある装置だったので，いろんなことをすることができた。

　遊び場の床はアスファルトで，一部はボールゲーム用にそのままとっておかれた。青ペンキ塗りの足場を組み，いろんな高さに板を置いてつくったよじのぼることのできる骨組をつくった。隣にはフォームラバーでできたジャンピング・ピットを置いた。足場からはローラーコースターで砂場へと降りていけた。残りの場所はスクリーンで小さな区画に再分され，もっと静かで創造的な遊びの施設にされた。子供たちが絵を画くための板が壁に釘づけされていた。

凡例
1. ライ街へ, 2. プレジダム通りへ, 3. 入口, 4. 職員室, 5. ステージ, 6. ボールゲーム場, 7. 足場, 8. ジャンピングピット, 9. スイングボール, 10. ローラーコースター, 11. 砂場, 12. 枕木, 13. 机, 14. 道具小屋, 15. アクティビティルーム, 16. 自動車のタイヤ, 17. 樽

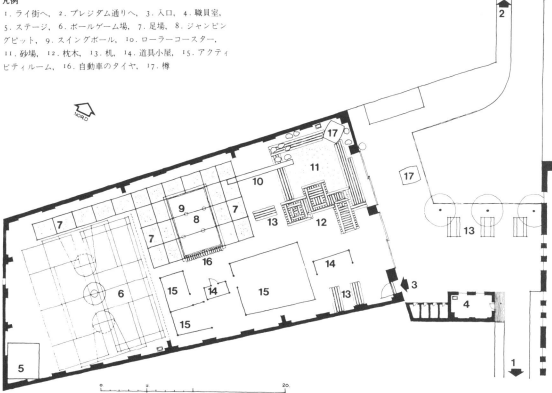

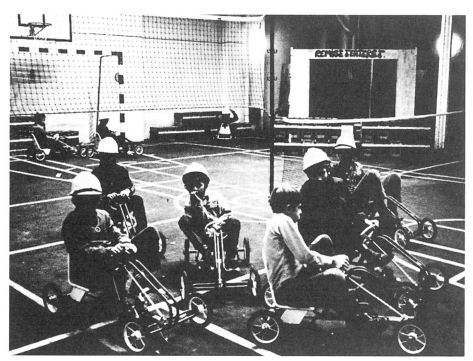

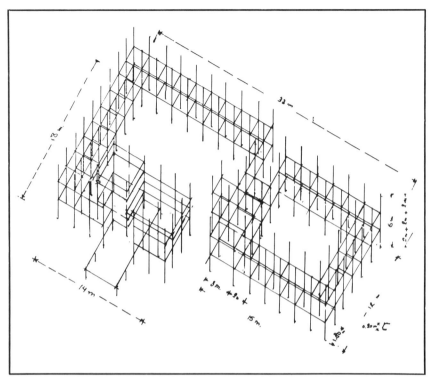

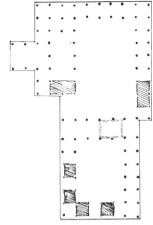

1週間目

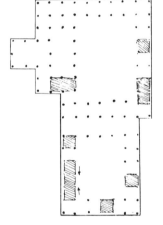

2週間目

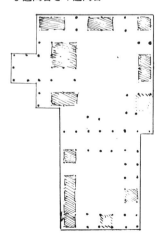

3週間目と4週間目

アムステルダムの展示館の中の冒険遊び場

建築家:ピーター・ヴァン・リーウェン

1970年の夏休みに,アムステルダムのRAI展示館の大ホールにたいへん特殊な冒険遊び場がつくられた。縦横20×30メートルで高さ6メートルの鋼管構造物が組み立てられ,7歳から15歳の子供たちが,その骨組の中に自分らのデンや好きなものをつくるために招待された。廃材や道具が思いやりのあるリーダーの監督のもとで子供たちにまかされた。

　個人やグループでの建設にこのような構造を用いることには,たくさんの利点がある。かなり狭い場所で十分まに合うし,比較的素材が少なくてすむし,構造が単純なので簡単に変更できることなどである。

スケッチ：セシリア・ベンソン

アメリカ合衆国

　最近アメリカ合衆国を旅行したとき，いろんなところで親切にも学生や教授団に子供の遊びのための計画について話すよう招待された。これは大きな体験だった。というのは，これまでどこででも，そんなに心から関心を示す聴衆に会ったことがなかったからである。冒険遊び場に関心を持っているところでは特にそうだった。人々はこの種の遊び場に熱心で，しばしば事故の頻度やその法的な結論について質問された。アメリカでの冒険遊び場の発展にとって，事故があった場合の責任問題が主な障害であるように思われる。そしてほとんど，どこの冒険遊び場でも事故の割合がこれまでの遊び場より少ないことが証明されているにもかかわらずそうなのである。
　冒険遊び場は，アメリカではすでによく知られている。マッコールズ・マガジン社は，1950年ミネアポリスの最初の冒険遊び場を後援し，子供と青少年についての2分の1世紀ホワイトハウス協議会に寄付をした。それは「中庭」と呼ばれ，たった12カ月間しか開かれなかったものにもかかわらず，一般には「偉大な傑作のひとつ」と考えられている。いくつか他の企画もあるがその実施期間が短かった。たとえば，マサチューセッツ州ボストン市のローワー・ラクスバーリーでのものなどである。
　いわゆる「ポケット・パーク」はオープンスペースが不足しているところで，レクリエーションのために休閑地を利用する方法としてアメリカで考案されたものである。これは普通の「自分でやろう」公園の一種で，地域住民が広く参加している。実際いろんな場合に小さな公園が住民の手でつくられ管理されている。これまでポケット・パークの内容に本当の冒険遊び場はみられないが，私はそうなるのは遠い先のことではないと確信している。訪米中ニューヨークの街中でいくつかのポケット・パークをふと見つけたが，それはたしかに冒険遊び場にたいへん近いものであった。

ニューヨークの「ポケット・パーク」での情景

レノックス・キャムデン遊び場，ボストン

この遊び場は1966年の4月から10月まで実施され，ロビン・C・ムーア氏によって慎重に検討された。つぎの観察報告は彼の経験の評価を要約したものである。

1. 創造的な遊びは，子供たちが自分の目的を達成できるように環境に働きかけ，自分のまわりの世界は変えられるもので，与えられたものではないことを感じさせるよい機会である。
2. 遊び場に足を向けさせる魅力や理由は，活動そのものであった。けれども，まわりに腰掛けてそれを眺めるところがあれば，話したり，歌ったり，冗談を言ったり，ふざけたりしながら見物できる。プレイハウスや塔やバスケットボール・コートでの激しい活動は，彼らに話題を提供する背景となった。
3. 遊び場での活動は，子供の家の中やまわりで行なわれている活動の鎖の輪のひとつにすぎないことが多いように思われる。
4. 友達が欲しいとき，活動したいとき，子供たちはまず遊び場にでかける。だから遊び場は住宅地と親密な関係をもつように計画すべきである。
5. 年齢についての観察で重要なのは，年齢と身体的能力はほとんど関係がないし，ころげ落ちると同様とくに勇気とは関係がないということである。たとえば6歳の少女はつぎに起こることを考えずに塔に登るが，11歳の少年はこわがってそうしないだろう。このような観察から，違った年齢層の子供たちを分離しないでよいというようなデザイン上の多くの知恵が得られる。
6. ひとつの目的は，最も人気のある動かせる素材を探しだすことだった。それはミルク・クレイト，各辺が1フィート（30センチ）ある大きな木片，厚さ2インチ（5センチ）・幅12インチ（30センチ）・長さ5フィート（150センチ）の板，メゾナイトとシップボード，50ガロン（189リットル）樽といった頑丈ながらくただった。
7. 動かせる素材はいろいろ実際上の問題をひき起こした。あまり頑丈でないものはこわされ，役に立たなくなった。こわれものは取り払って，処分しなければならなかった。しばらくすると，動かせる素材は遊び場に散乱し，潜在している遊びの可能性を減少させるようになった。大人がときどきそれを整理しておくと，遊びを刺激する力が強まった。
8. 創造的活動が最も頻繁に，最も長時間にわたって行なわれたのは，プレイハウスのうしろとそのなかである。それは囲われているという感じがするせいだろう。十分な大きさの建設活動のためのスペースは，ほかの活動がすぐ近くで行なわれていても，心理的には周囲から遮断されているのである。
9. 子供たちの活動する，非常に小さなスケールの環境を理解するのは至難のわざである。
10. 人の目には普通がらくたに見える材料が，実は非常に創造的で想像力豊かな遊びと密接に関連がある。役に立つがらくたは，建物づくりに使えるものや，以前に固有の機能をもち，今もそのように使えるものである。たとえば自動車のハンドルは「消防自動車」のハンドルになった。このような材料はそれぞれが想像力をかきたてる小道具として使われ，子供が独自の筋道で考える際の導火線の役割を果たすことが多かった。

151

遊び場資材交換所

ポール・J・ホーガン

　レクリエーション施設の必要性はどこででも緊急なものである。われわれのまわりには残り物や混乱した使い古しの素材がだぶついている。国中の資材置場には使われていない政府の建設機器がたくさんある。産業界では欠乏や無感動に対するわれわれの戦いに参加するための道案内を求めている。そして最後に，損な立場に置かれている若者たちは創造的な仕事につくことを切望している。これらすべての要求と力をすべての人に利益をもたらすよう結合することがどうしてできないのだろうか。

　遊び場資材交換所はこれらの要求と力を公益のために結束させる提案である。たとえば，コンクリートパイプ工場には，ひびが入ったり欠けていたり，商品としてはちょっと完全でないようなパイプが山とある。しかし，それは遊び場で使えば十分に役立つものである。豊かなコミュニティでも，貧しいコミュニティでも，遊び場やレクリエーション施設は，このようなパイプを探している。しかし値段は手がとどかないほど高い。また一方，陸軍や海軍の構内には起重機やフラット・ベッド・トラクター・トレイラーやブルドーザーやあらゆる種類の建設機器があるが，それらは月に1日か2日使われるだけである。

　陸軍は運転手つきのロー・ベッド・トラクター・トレーラーを月に一度パイプ工場へ行くのに貸してもいいのではないだろうか。そうすれば工場は，喜んでそれにパイプをつみこんで収益のないレクリエーション施設に無料で配達してやれるだろう。

　こうした機械は全く使わないより，時々使うほうが維持管理上有利である。パイプ工場では，その役に立たない残りものが，まだ市販されないうちに，人の役に立てられる場所へ持っていってほしいと願っている。遊び場づくりに協力している近隣グループは，値段の点でも配達の点でも自分たちに手が届かないと考えていたので，このような素材を大歓迎するだろう。

　費用はガソリン代とオイル代と経費ぐらいである。1ダース以上ものコミュニティの計画に，頑丈なコンクリートパイプをたったの1日で供給することができる。このパイプは，もし通常の経路を通して買うならば数千ドルはするだろう。

　平日の午後，数万ドルもの新鮮なコンクリートがバッチ・プラントに送りかえされ，どっとあけられ見苦しい動かせないくずの山ができる。このコンクリートは建設業者の安全率をみた注文のおかげである。業者はぎりぎり1回分の量を注文して足りなくなることがいやなのである。過去の経験からみると，コンクリート会社は地元の住民パワーによる企画に参加するのが好きなようである。彼らはただ2つのことを要求する。すなわち無料で寄付したコンクリートを有料のものととりかえないこと，そして受領者（すなわち遊び場資材交換所）がいかなる事故についても全責任を負うことである。

　さらに，コンクリート会社は役に立たないくずを取り除ける。彼らはコミュニティでとり組んでいることに本格的に参加するようになり，それは自分たちの宣伝になり，好意を得るのである。

　ひとつの決定的な例。ある大きな市のレクリエーション課ではその遊び場にすえる

ためにパイプでできたつくりものの消防車に1台1,000ドル以上もの金を使った。一方消防課では毎年古くなった車を競売で処分している。この競売ですてきな古い車1台あたり100ドルから300ドルの収益がある。市はつくりものの消防車に本物よりも10倍も多い金を払っているわけである。もっといろんな場合がある。たとえば，ある課でベルギー製舗装ブロックを取り除くのに金を使うと，同市の別の課では同じ建設業者からそれを買うのにいそがしいといったようなことである。これらのケースは伝説になっている。

これらの素材は豊かなコミュニティにも貧しいコミュニティにも利用されるべきである。貧乏な近隣住区は最優先権を持つべきだが，裕福な郊外のPTAも同様にそれらのサービスを受けられるべきである。役に立つ大人の男性がほとんどいないような貧しい近隣住区の場合に限っては，働き部隊（ジョブ・コーズ）や近隣住区青年団（ネイバーフッド・ユース・コーズ）が労働力による援助のために来てくれる。他のところでは，みんな自分の地区で必要な労働力を動員しなければならない。地元の人の参加による労働力使用は，あまり強制はできない。貧しい地区でも，少しでもできる場合には，実際に働く人に支払うための現金をつくるべきである。地元の住民を参加させることができなければ，計画は実行できない。そして，貧しい人びとに無料で働くことを期待するのは非現実的である。

下の目録は，レクリエーション施設の開発に利用できる無料で手に入る品目である。

役に立つ素材

〔公益事業会社からのもの〕

電信柱	貨車
ケーブル・リール	滑車
アンカー・ボルト	ターンバックル（引締め用ねじ金具）
ケーブルの全サイズと継手	乗務員専用車
枕木	パイプ
重機器の貸与	等々
古い電話ボックス	

〔市町村，州，連邦政府からのもの〕

古い救命ボート	ロープ
貨物船用の網	車輪
花崗岩の舗装ブロック	ギヤ
機器の貸与	手押一輪車
消防車	小さな道具
古いトラック	大理石階段
ベンチ	舗装スレート
樹木	舗装煉瓦
灌木	等々
二輪馬車	

〔個人会社からのもの〕

コンクリート	大きい梱包木枠
プラスチックのホースと素材	ポンプ
シャベル	水槽
滑降路	ドラム缶
すべり台	タル
材木とクギ	等々

遊び場資材交換所は大体 7 つの任務分担に分けるべきである。もちろん，各領域は相互に重なり，入れかわったりしてもよい。最初の編成の段階では中心になっている人は 2 つ以上の領域を取り扱うべきである。

1. 管理：全体運営の監督，予算の展開，優先順位表の作成，事務職員の管理，行政委員会議や課長との連絡維持。

2. 広報活動：産業，政治，住民の組織の間の積極的な相互関係の開発。興味を起こし，協力を促すための演説やデモンストレーション企画。遊び場資材交換所の役割とそれが提供するものを説明するための近隣集会の指導と援助。

3. 目録：必要な素材の目録や分配できる手持ちの素材の目録をつくる。配達日程の発行。素材や用途や利用方法や他の援助を得るための実際的な提案についての小冊子の発行。限られたグループの住所録の維持。新しい素材や目録から除かれる古い素材をのせた新版目録の発送。グループ間のアイデアと素材に関する情報交換の試みへの援助。競技設計やその他の積極的な宣伝企画の促進。

4. 貧しいコミュニティのための計画と青少年雇用：既存の，そして将来のすべての働き部隊や近隣住区青年団などの OEO 計画の利用。先行活動のような計画の援助。無料奉仕の労働力を得られない場所のレクリエーション施設開発を助けるためにこれらのグループからの「有給」職員の獲得。すべての若い人力を役立てるために州立職業安定所との緊密な対応。職業別組合の参加による協力を得て，無料訓練計画を確立する仕事。青年雇用の要求の一般的増進。

5. 大学との関連と建築家の利用：大学，特に建築学科や造園学科との緊密さを保つ。そうすれば，積極的な方向が示されるとそれに一所懸命になる学生や教授たちのさまざまな才能を公共サービスに注ぎ込むことができる。企画に参加する学生は近隣のグループに要請されたときだけグループと会い，レクリエーション施設の開発のための計画やアイデアを提供する。学生たちは，その企画の理解を深め，近隣の同意を得て作業をするための方法を説明し，日程を計画し，植栽や全体のデザイン標準を提供する。学生たちがこのような社会的な活動で学位単位をとることができ，競技設計をカリキュラムの一部とすることができれば望ましい。

6. 素材の配布：あらゆる素材の収集，貯蔵，割り当て，配布を含む。トラックの日程や素材をつみ込んだり，おろしたりする日程を組むことはきわめて重要である。近隣の人たちには配達時間が知らされていて，トラックはそこに約束の時間に行くべきである。素材を扱うに先立って保険証書の規定がきわめて重要である。近隣住区の人びとが適当な保険に入っていないところでは，外部の団体が参加している時間中に遊び場資材交換所は保険業をつとめなければならない。重い品目の実際的配置はこの部門にまかされるべきである。

7. 建設管理と事後検討：遊び場資材交換所の援助による素材や計画の正しい利用や管理を確保するために，活動期間中，近隣住区のグループの人が遭遇する何か建設上や法律上の専門事項を助言しに，本人自ら敷地訪問をつづける必要がある。後々までも訪問することは，たくさんの人びとを参加させ，興味を持続させるために重要なことである。このようにつづけられる接触によって，他の地区におけるプログラムをはかどらせるために　地元のリーダーを利用することができるだろう。

初年度の予算

1. 管理：
    - 理事............ 20,000ドル
    - 理事の片腕.......... 7,500ドル
    - 副理事............ 10,000ドル
    - 秘書............ 5,000ドル
    - 事務費と旅費......... 5,000ドル
    - 47,500.00ドル

2. 広報活動： 初年度は全額，上に含まれる..

3. 目録：
    - デザイナー，校合者，記者... 10,000ドル
    - 秘書............ 5,000ドル
    - 印刷，郵送など........ 10,000ドル
    - 25,000.00ドル

4. 貧しいコミュニティのための計画： 初年度は全額管理に含まれる..

5. 大学との関連： 初年度は全額管理に含まれる..

6. 素材の配布：
    - 20代前半の配達人，4人，各@ 6,000ドル........... 24,000ドル
    - ピックアップ・トラック4台，各@ 2,500ドル....... 10,000ドル
    - 管理部によるスケジュールづくり
    - 34,000.00ドル

7. 建設管理と事後検討： 初年度は管理部と素材処理職員に含まれている........
    - 総計......... 106,500.00ドル

日本

京都大学の岡崎教授は日本にはまだ冒険遊び場はないと話してくれた。教授はしかし、「いわゆるガラクタ公園が今、東京やその他の都市でつくられていて、そこでは通常の遊具のかわりに廃物や不用品が使われている。」とつけ加えた。ガラクタというのは、どんなものなのだろうか。私には岡崎教授のガラクタについての説明がたいへん身近なものに響いた。私が質問したところ、親切にも数枚の写真を送ってくれた。それはガラクタ公園がどんなものでどのように機能しているかをよく示していた。ガラクタ公園は私たちが考えている本当の冒険遊び場ではない。しかしエンドラップの影響を受けていることは疑う余地がない。

東京のガラクタ公園

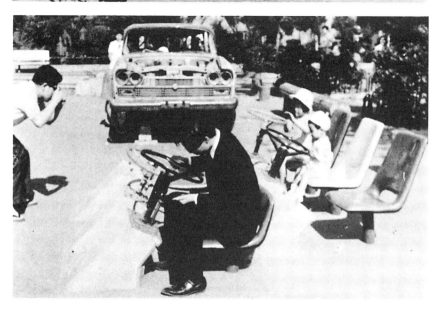

大人のための
冒険遊び場

遊びとは生きることである
大人にとっても。

参考文献

Adventure Playgrounds. A six month experimental programme for New York. A proposal by E. G. Lerman of the Urban Design Group, Planning Department, New York City and the Parks Council, New York City. 8 pp.

Adventure Playgrounds. Lady Allen of Hurtwood. National Playing Fields Association, 1949. 16 pp.

Adventure Playgrounds in Copenhagen. Stadsingeniørens Direktorat, Copenhagen. 23 pp.

Adventure Playgrounds for Handicapped Children. Available from Handicapped Adventure Playground Association, London 1971. 12 pp.

Learning through experience. Children and workers on adventure playgrounds, by L. Jago. London Adventure Playground Association, 1971. 16 pp.

Lollard Adventure Playground. National Playing Field Association, London 1959. 16 pp.

Cost analysis of adventure playground. London Adventure Playground Association, 1970. 2 pp.

Adventure in play. John Barron Mays. The story of Rathbone Street Adventure Playground. Liverpool Council of Social Service, 1957. 31 pp.

Report of a conference on playleadership on adventure playgrounds. National Playing Fields Association, London 1957. 21 pp.

Recreation and play. Report of the conference 1967. International Playground Association. 67 pp.

Playgrounds, with or without leadership? Conference report 1969. International Playground Association. 40 pp.

Plats for lek. Nic Nilsson. Tidens förlag, Stockholm 1969. 203 pp.

Planning for Play. Lady Allen of Hurtwood. Thames & Hudson 1968. 140 pp. 「都市の遊び場」大村虔一・大村璋子訳、鹿島出版会 1973、新装版、2009

Playgrounds. W. D. Abernethy. National Playing Fields Association, London. 47 pp.

In Search of Adventure. Joe Benjamin. The National Council of Social Service. London 1964. 105 pp.

Levende leg. Børge Lorentzen. Faellesorganisationen af Almennyttige Danske Boliselskaber, Copenhagen 1968. 23 pp.

Skabende leg—paedagogik og planlaegning. Richard Andersen and Ulf Brammer. 1971. 50 pp. C/o U. Brammer, Gefionsvej 2, 3000 Helsingør, Denmark.

Environmental Planning for Children's Play. Arvid Bengtsson. Crosby Lockwood, London, and Praeger Publishers, New York 1970. 224 pp. Published in Germany as *Ein Platz fur Kinder*, Bauverlag, Wiesbaden 1971. 「遊び場のデザイン」北原理雄訳、鹿島出版会 1974。

引用写真提供者

Inga Aistrup, Jonals & Co, Jacob Maarbjerg, pages 16, 17, 18, 19, 21 ; Arvid Bengtsson, pages 12, 36, 42, 45, 46, 47, 52, 56, 57, 82, 86, 87, 89, 90, 94, 96, 97, 98, 99, 100, 101, 104, 105, 112, 114, 115, 116, 117, 118, 119, 120, 121, 122, 123, 124, 125, 128, 129, 130, 131, 133, 148, 150, 161; Joe Benjamin, pages 28, 32 ; Ulf Brammer, pages 91, 95; Ronald Chapman, pages 13, 48, 59 ; Thure Christiansson, page 6; Jan Dahlander, page 10; Walter E. Disler, pages 69, 70; John D. Drysdale, pages 61, 63, 65 ; Don S. Gardner, pages 41, 42, 43; Peter Gullers, page 136 ; Hauser & Wolfensberger, page 70 ; G. Howald, pages 68, 71 ; G. Kesselbach, page 72 ; Børge T. Lorentzen, pages 106, 107 ; Pit Möller, pages 74, 77, 79, 80, 81 ; Nancy Rudolph, page 64 ; Val Rylands, pages 51, 55, 56, 57 ; Anders Skoog, pages 113, 119.

関係諸団体紹介

遊び場に関係する諸団体を紹介する。現在、活動が行われていないところもあるが、1974年刊行の本書初版で紹介されたものであり、それら団体の変遷を辿る意味で、そのまま記すことにした。また、読者の助けになるよう、日本の関係団体も合わせて紹介する（2014年7月現在、編集部）。

International Play Association Promoting Child's Right to Play［子どもの遊ぶ権利のための国際協会］
1961年に発足した国際遊び場協会 *(International Playground Association (IPA))* が改称。アービッド・ベンソンは第4代会長を務めた。
http://www.ipaworld.org/
また、同 日本支部は国際児童年である1979年に発足（初代代表は大村璋子）。国内、海外の子供の遊びに関わる情報の収集と提供を行っている。
http://www.ipa-japan.org/

The Danish Playground Association / Dansk Legeplads Selskab (DLS)［デンマーク遊び場協会］
1959年にソーレンセン教授らによって設立された非営利団体。
http://www.dansklegepladsselskab.dk/

Playlink［プレイリンク］
元ロンドン冒険遊び場協会 *(London Adventure Playground Association (LAPA))*。ロンドンの機構改革の影響を受け、組織を変更して再出発した。イングランドとウェールズの遊び環境づくりを支援、プレイワーカーの研修などを行う民間組織。
http://www.playlink.org/

Kidsactive［キッズアクティブ］
元障碍児のための冒険遊び場協会 *(Handicapped Adventure Playground Association (HAPA))*。心身に障碍のある子供の遊ぶ機会を支援する。
http://www.kidsactive.org.uk/

Fields in Trust［フィールズ・イン・トラスト］
元イギリス遊び場協会 *(National Playing Fields Association (NPFA))*。
http://www.fieldsintrust.org/Default.aspx

Children's Research Center, Motor Performance and Play research Laboratory, Univ. of Illinois
［米イリノイ大学小児研究センター 運動能力と遊び研究所］
現在同校には *Children and Family Research Center* という組織がある。
http://www.cfrc.illinois.edu/

National Association for the Education of Young Children［全米幼児教育協会］
世界最大の幼児教育のための組織。本部はワシントン。
http://www.naeyc.org/

Pro Juventute［プロ・ユーベンチュート］
1912年に設立されたスイスの子供や若者の権利を支援する財団。
http://www.projuventute.ch/

Lady Allen of Hurtwood Memorial Trust［アレン・オブ・ハートウッド卿夫人記念財団］
子供の遊びに関わる若者が世界各地の実践に触れるための助成を行っている。
http://www.ladyallentrust.org/aboutladyallen.html

特定非営利活動法人 日本冒険遊び場づくり協会
「冒険遊び場づくり」を推進する中間支援組織。サイト内「Go! 全国の遊び場に行ってみよう」で全国の冒険遊び場を紹介している。
http://www.ipa-japan.org/asobiba/

索引

あ――

アイザックス博士（スーザン） Dr. Susan Isaacs 50
遊びの小屋とデン（ほら穴参照） huts and dens (play) 14, 19, 22, 30, 98, 116, 129, 130
遊び場資材交換所 playground clearing house 152～5
遊び play
　――に対する姿勢 attitude towards 16, 29, 50～2, 83, 84～8
　――の心理学 psychology 23, 50～2, 56, 60
　――のタイプ types of 53, 77～8, 85, 92, 94, 106, 118
　――のための環境 environment for 16
　――の展開 developments 16, 21, 23, 30, 34, 84～8
「扱いにくい子供」 'Difficult children' 18, 52, 80
アメリカ合衆国の遊び場 American (USA) playgrounds 149～55
アレン・オブ・ハートウッド卿夫人 Lady Allen of Hurtwood 8～9, 16, 23, 25, 36, 73, 83
安全, 遊び場の safety at playgrounds 49
アンデルセン（ヨーゲン） Jφrgen Andersen 101
アンデルセン（リチャード） Richard Andersen 84
イエーテボリ Gothenburg 12
ウエンディハウス Wendy houses 110, 111
運動公園 playparks 109, 110, 138, 140
エリクスボー運動公園, イエーテボリ Eriksbo playground, Gothenburg 133
エリクソン教授（エリック） Prof. Erik Erikson 52
エンゼル・タウン冒険遊び場, ロンドン Angell Town Adventure playground, London 38～49
エンドラップ Emdrup 9, 12, 15～23, 67, 83
　――の日記 diary 16～23
岡崎教授 Prof. A. Okazaki 157
屋内施設 indoor facilities 137, 142～5, 146

か――

開閉時間 times of opening または opening hours 28～9, 41, 42, 44, 104
絵画や工芸などの活動, 遊び場での painting, crafts, etc, at playgrounds 34, 54, 57
囲い, 遊び場の fencing of playgrounds 46, 49, 90, 96, 101, 107
ガラクタオーケストラ junk orchestra 22
がらくた芸術 junk art 20
ガラクタ公園, 東京 Garakuta parks, Tokyo 157～9
教育上の知的障害児 educationally sub-normal children 62
教育的な面, 遊びの educational aspects of play 84～8
記録しておくこと records to be kept 47
クライミング装置とジャンピング装置 climbing and jumping structures 53, 59, 86, 118, 142

「クラブルーム」, 遊び場の 'Clubrooms' in the playground 68, 69, 70, 138
グリムズビー・イブニング・テレグラフ Grimsby Evening Telegraph 27, 30
グリムズビーでの初期の体験 early experience from Grimsby 27～34
計画図, 遊び場の plans of playgrounds 37, 68, 92～3, 94, 110～11, 127, 132～3, 143, 146
ゲーム games 19, 28, 30
「建設用地」の遊び場 'Building site' playgrounds 106～7
ケンドレル（ヘルムート） Helmut Kendler 81
攻撃性 aggressiveness 29, 77, 78
国際遊び場協会（IPA） International playground Association 83
「5歳以下の子供たち」, 遊び場での 'Under fives' in playgrounds 37, 42, 44, 50～2
子供たち children
　――の委員会 committee 18～9, 28
　――のサーカス circus 18
　――の遊びの心理学 psychology of 23, 56
　――の遊びの展開 play development of 16, 21, 23, 30, 33, 34, 50～2, 56
　――の料理 cooking by 28, 30, 32, 38, 44, 77

さ――

財政 finance 32, 33, 38, 40, 46, 49, 98, 99, 102, 107, 155
作業場, 遊び場での workshop, in the playground 69
サンディン（カール・ヴィルヘルム） Carl-Vilhelm Sundin 133, 135
施設, 冒険遊び場の Facilities at adventure playgrounds 38～9, 40, 44, 50, 54, 77, 81, 85, 92, 101, 109, 127, 140
児童救済基金のプレイグループ Save the Children Fund Playgroups 50
弱視の子供たちの問題 partially-sighted children, problems of 62
就学前児童の遊び場のための備品 equipment for a pre-school playground 57
就学前児童プレイグループ pre-school play groups 42, 50～7
自由創造遊び free-creative play 84～6
使用料, 遊び場の subscriptions, for attendance 19, 104
職員配置, 遊び場の staffing of playgrounds 40, 54, 58, 80～1, 96, 104
植栽 planting 96
身障児のために準備するもの physially handicapped children, provision for 60, 63, 65, 66
身障児のための遊び場の装置 equipment for a playground for handicapped children 58

165

身障児のための冒険遊び場、チェルシー adventure playground for handicapped children, Chelsea 58〜67
スイス余暇センター Swiss Leisure Time Centre 67
スカンジナビアの冒険遊び場 adventure playgrounds in Scandinavia 83
スクリーンや囲いの必要性 screening and enclosure need for 15, 28, 49, 90, 96, 101, 107
砂場 sandpits 30, 37, 54, 94, 106
騒音問題 noise, problem of 15, 28, 75〜6
素材 materials 建物づくり遊びとその素材参照
ソーレンセン教授 Professor C. Th. Sørensen 9, 11 15, 20, 25

た――
たき火 fires 28, 30, 44, 86, 94, 120
建物、遊び場につくられた（グループのプレイハウス、小屋など） buildings in the playground 19, 30〜1, 33, 38, 41, 54, 87, 92, 110, 137, 138〜9
建物づくりとその素材 building and play materials 18, 20, 26, 32〜3, 44, 47, 53, 58, 77, 81, 92, 112〜3, 116, 152, 153
チンビエル冒険遊び場、コペンハーゲン Tingbjerg Adventure Playground, Copenhagen 100〜5
ツールフィエル（ヤーン） Jan Thurfjell 135
デーリー・ジャンク・コミック Daily Junk Comic 22
テン dens 小屋とテン、ほら穴を参照
天候の影響 weather, effects of 19, 44, 98
デンマーク遊び場協会 Danish Playground Association 83, 90〜9
庭園、遊び場の gardens, in playgrounds 37, 53, 95, 121〜2
ティーンエージャー、遊び場での teenagers at the playground 41, 44
冬季の冒険遊び場 winter, adventure playground in 44, 87, 137
道具 tools 27, 33, 40, 57, 58, 77, 78, 114〜5
「都市と農村のオープンスペース」C. Th. ソーレンセン著 Open Space for Town and Country, by C. Th. Sørensen 15
動物、遊び場での animals at playgrounds 40, 52, 93, 101, 104, 110, 123

な――
日本の遊び場 playground in Japan 157〜9
ニンメルマン（ペトロ） Peter Nimmermann 81
ノッティング・ヒル冒険遊び場、ロンドン Notting Hill Adventure Playground, London 36〜7

は――
売店、子供たちの canteen, children's 31〜33

破壊行為 vandalism 11, 18, 96, 116
バス車庫が遊び場になった Bus Depot into playground 142〜5
バッカ・ヴェステルゴールド運動公園、イエーテボリ Backa Vastergård playpark, Gothenburg 140
バックウィーゼン・レクリエーションセンター、チューリッヒ Bachwiesen Recreation Centre, Zurich 69
母親グループ、遊び場での mother's group at playground 42
ハーベイ（スーザン） Susan Harvey 50
ハンセン（ポール・E） Paul E. Hansen 100
ピクチュア・ポスト紙の記事 Picture Post (article) 25
批判と苦情 criticism and complaints 21, 28, 75, 77, 83
フラトース運動公園、イエーテボリ Flatås Playpark, Gothenburg 110
ブランマー（ウルフ） Ulf Brammer 90
古い車 old cars 29〜30
プレイハウス playhouses 建物の項参照
プレイリーダーの仕事 play leader, work of 18, 20〜1, 27, 30, 40, 42, 46, 54, 58, 67, 77, 78〜81, 85〜7, 91〜2, 96, 107
プロ・ジュベンチュート Pro Juventute 67, 69
ベルテルセン（ジョン） John Bertelsen 9, 15, 25
エンドラップの日記 Emdrup diary 16〜23
ベンジャミン（ジョー） Joe Benjamin 11, 26〜34
ホイッタカー（ドロシー） Dorothy Whitaker 58
冒険遊び場 adventure playgrounds
　アメリカ合衆国の―― in the USA 149〜55
　開園時間 opening times 28〜9, 41, 42, 44, 98, 104,
　身障児の―― for handicapped children 58〜67
　展示館の中の―― in an Exhibition Hall 146〜7
　冬季の―― in winter 44, 87, 137
　日本の―― in Japan 157〜9
　――での料理 cooking at 28, 30, 32, 54, 77
　――の概念 concepts of 34, 38, 44, 46, 53〜4, 58, 77〜8, 83, 84, 90〜9, 109, 142, 149, 151
　――の起源 origins of 12, 25, 38, 73, 76, 83, 84, 100
　――の施設 facilities at 38〜9, 40, 44, 50, 54, 77, 81, 85, 92, 101, 109, 127, 140
　――の定義 definitions of 77, 86
　――への苦情 complaints about 21, 28, 75, 77, 83
「冒険を求めて」（ジョー・ベンジャミン著）からの抜粋 'In Search of Adventure' by Joe Benjamin 26〜34
ホーガン（ポール・J） Paul J. Hogan 152
「ポケット・パーク」'Vest-pocket' playgrounds 149, 150

保険金，冒険遊び場での　insurance cover at playgrounds　46, 149, 154
ほら穴　caves（小屋とデン参照）　18, 20, 22, 26, 30, 85〜6, 92
ボールゲーム　ball games　37

ま——

マクレナン（フランシス）　Francis McLennan　38
水遊び　water play　53, 54, 79
耳の不自由な子供の問題　deaf children, problems of　60〜2
ムーア（ロビン・C）　Robin C. Moore　151
メーラー（ペトロ，愛称ピット）　Peter (Pit) Möller　73, 78〜80
メルキッシェ街冒険遊び場，ベルリン　Märkische Quarter Playground, Berlin　74〜81
門（遊び場の）　gate (of playgrounds)　49

や——

ユースクラブ，遊び場での　Youth Club at playground　41, 44, 104
ヨハンソン（スツーレ）　Sture Johansson　138, 140

ら——

ライマン（リースベス）　Liesbeth Reimmann　69
ラスムッセン教授（ステーエン・アイラー）　Prof. Steen Eiler Rasmussen　100
リーウェン（ピーター・ヴァン）　Pieter van Leeuwen　146
リーダー　leader　プレイリーダー参照
利用者，遊び場の　attendance at playgrounds　20, 21, 38, 40, 41, 76, 91, 101
両親の姿勢　parent attitudes　50, 75〜6, 80
レヴィゲルデット運動公園　Lövgärdet playpark　138
レダーマン博士（アルフレッド）　Dr. Alfred Lederman　67
レノックス・キャムデン遊び場，ボストン　Lenox-Camden Playground, Boston　151
レミセパーケン，コペンハーゲン　Remiseparken, Copenhagen　127
老人援助活動，子供たちによる　old people helped by children　33
老人クラブ，遊び場での　old people's club at playground　42
労働者協同組合住宅協会，コペンハーゲン　Workers' Co-operative Housing Association, Copenhagen　15
ローレンツェン（ボルグ・T）　Børge T. Lorentzen　106〜7
ロワー・ラクスバリー遊び場，ボストン　Lower Roxbury playground, Boston　149
ロンドンの社会奉仕全国協議会　National Council of Social Service, London　26
ロンドン冒険遊び場協会　(LAPA) London Adventure Playground Association　44〜9

訳者あとがき

　前回訳したアレン卿夫人の「都市の遊び場」には予想以上の反響があった。いろんな人からたくさんの励ましの言葉が寄せられた。それがこの訳本の出版を早めた理由である。今度の仕事についても，長年にわたり学校教育の現場で働いてきた父は，大きな関心をよせいろんな助言をしてくれた。鹿島出版会の住吉章氏は，遅れがちな仕事を助け，こまごましためんどうな仕事を引き受けてくれた。こうしたみんなの応援に心から感謝の意を表したい。

　この本は，アレン卿夫人の「自分が書いたものの他にも世界中に興味ある計画がいろいろあるので，関係者はそれらについてもっと書いて欲しい」という希望を受けて書かれたものである。エンドラップに発したこの冒険遊び場づくりの運動が，世界中でどんなに多様な展開をみせているかを示そうとして書かれたものである。そこには，生産性第一主義の嵐の中でたわめられがちな子供の世界を，どうしたら自由で創造的な本来の姿に保つことができるか——という大問題と積極的に取り組み，具体的な活動をしている人々の姿がある。それは，マイカー熱や競争教育熱の中で忘れられている日常の「子供の生活」のあり方を，さりげなく，真正面から問いかけてくる。

　しかしそれは子供の生活だけの問題ではない。都市に住む私たちは，都市という誰かがつくった容器の中で，不便な借屋住まいのような消極的毎日を送っている。それに比べて，積極的に環境に働きかけ，自分たちの住みよい場を創りだそうとする人々の姿勢はなんと新鮮に映ることか。日常のさまざまな問題を，政治や経済の問題として自分の手のとどかないところに押しやるのをやめて，自分の問題として，自分たちの手で解決していく姿勢が必要な時である。

　訳出の途中で予期せぬハプニングがあった。当初，書名を「冒険遊び場」としていたが，出版社から書名の変更を求められたのである。冒険という言葉が危険なものにきこえる人がいたらしい。この本の主旨である「子供には，自分の能力に挑戦しその可能性を開発する場が必要なのだが，自然や空地のない現代の都市ではそれを満たすことができない。そんな場を再創造しなければならない」とする姿勢が理解してもらえなかった。これが冒険遊び場にはつきものの議論であることは，この本の中でも述べられているのだが，こんなに早くそれに出会うとは思ってもみなかったのである。

　それにしても，子供たち——大人たちの忙しい日常生活の中で忘れられている子供たち。自動車に追われ家に閉じ込められている子供たち。マスコミによる膨大な情報の中で早熟ながら，体験から来るたしかなものを持たない子供たち。受験戦争の中で友人としのぎを削る子供たち——この子供たちのために，消費者になりきり，自らものを創り出すことを忘れてしまった親たちのしてやれることは何なのだろうか。私たちも本から離れて，自分たちの冒険を試みる時に来ているのではないだろうか。

　　　1974年早春

　　　　　　　　　　　　　　　　　　　　　　　　　　　　大村虔一

著訳者紹介

アービッド・ベンソン
Arvid Bengtsson

スウェーデンの造園家，IPA（子どもの遊ぶ権利のための国際協会）元会長（1916〜1993）。イエーテボリ市公園課長として，20年の在任期間にイエーテボリ市に40箇所のプレイパークを建設するなど活躍。IPA設立に参画し，会長在任時に遊びの重要性を世界にアピールする「マルタ宣言」を行った。著書に『遊び場のデザイン』（北原理雄訳，鹿島出版会）などがある。

大村虔一（おおむら・けんいち）

都市設計家（1938〜2014）。大村虔一＋都市デザインワークス，NPO法人日本冒険遊び場づくり協会代表，宮城県教育委員会委員長などを務める。東北大学大学院教授，宮城大学副学長などを歴任。翻訳当時，（株）都市計画設計研究所経営の傍ら，妻璋子とともに日本に冒険遊び場を紹介し，共訳した『都市の遊び場』（鹿島出版会）や本書をきっかけに東京世田谷に「羽根木プレーパーク」を創設，世田谷区と住民との協働システムをつくる。都市設計家の仕事として「東京オペラシティ」などがある。

大村璋子（おおむら・しょうこ）

遊びの環境デザイナーであり，IPA（子どもの遊ぶ権利のための国際協会）初代日本支部長（1940〜2008）。夫とともに地域住民による手づくりの冒険遊び場運営をスタートし，全国の遊び場づくり運動のきっかけをつくった。著書に共著も含め『冒険遊び場がやってきた』（晶文社）『子どもの声はずむまち――世界の遊び場ガイド』（ぎょうせい）『自分の責任で自由に遊ぶ――遊び場づくりハンドブック』（ぎょうせい）『遊びの力』（萌文社）などがある。

本書は1974年に当社より刊行されたものの新装版です。

新しい遊び場

2015年1月30日　第1刷発行

共訳者	大村虔一・大村璋子
発行者	坪内文生
発行所	鹿島出版会

104-0028 東京都中央区八重洲2-5-14
電話　03-6202-5200
振替　00160-2-180883

印刷	三美印刷
製本	牧製本

©Yoshiki OOMURA 2015, Printed in Japan
ISBN 978-4-306-07309-8 C3052

落丁・乱丁本はお取り替えいたします。

本書の無断複製（コピー）は著作権法上での例外を除き禁じられています。また，代行業者等に依頼してスキャンやデジタル化することは，たとえ個人や家庭内の利用を目的とする場合でも著作権法違反です。

本書の内容に関するご意見・ご感想は下記までお寄せ下さい。
URL: http://www.kajima-publishing.co.jp/
e-mail: info@kajima-publishing.co.jp